ŒUVRES INÉDITES

DE

VICTOR HUGO

EN VOYAGE

ALPES ET PYRÉNÉES

PARIS

J. HETZEL & Cie
18, RUE JACOB

MAISON QUANTIN
7, RUE SAINT-BENOIT

1890

COUVERTURE DE L'ÉDITION ORIGINALE.

IMPRIMERIE NATIONALE.

LUCERNE. — MAISON DE VICTOR HUGO.

443

29.

Fontaine d'Ilzori. — Maison de Victor Hugo.

ILE SAINTE-MARGUERITE ET CHÂTEAU-GAILLARD. — ALBUMS, 1839.

Ile Saint-Honorat. Château des Moines. — Albums, 1839.

Le Muletier borgne. — Albums, 1843.

Paysages. Du haut de la montagne Est. 3 — 5 heures après midi. 3 août. — Albums, 1843

Pasages. 4 août, midi. [La baie de Pasages.] Albums, 1843.

Église de Luz. — Albums, 1843.

EN VOYAGE. — II. 457 30 IMPRIMERIE NATIONALE.

Château de Sainte-Marie, Luz. — Albums, 1843.

entrée du bagne — bac — forçats polis offrant des
tabatières et des couteaux. — embarcations où ramaient des forçats [illegible] soleil couchant — avenue
de gros vaisseaux acculés au quai du bagne — bordées
de forçats fatigués rentrant au [illegible], traînant leurs chaînes,
montant l'étroit escalier, s'engouffrant dans le
guichet bas du vaisseau — bagnes flottants
le dos des frégates désarmées, la Thémis et la
Néréide. deux amours grossièrement sculptés en
pierre [illegible] sur l'arrière de la Néréide.
— visite des forçats au passage de poste dans le bagne — aspect de leurs
[illegible] au moment où ils viennent d'y rentrer.
— on passe une tringle de fer assujettie par un cadenas dans
l'anneau extrême de toutes les chaînes. lits-de-camp —
une caisse, un matelas, une couverture pour les bons;
le lit de sapin est une faveur pour le forçat — au
dessus de la porte portrait d'un forçat figurant
l'arrivée au bagne, le gendarme, le [illegible],
l'immense [illegible] à jouer, etc — aux parois
dans leur [illegible] représentant le crime, le [illegible],
la victime à terre, le meurtrier la regarde effrayé,
au fond du paysage dans [illegible] le village. ([illegible])

TOULON. FAC-SIMILÉ D'UNE PAGE DE NOTES. (VOIR *ALPES*, PAGE 239.)

une crème au chocolat, des poires et des pêches, une tasse de café et un verre de vin de Malaga. Je bois d'ailleurs du cidre, ne pouvant me faire au vin de peau de bouc. Voici mon dîner, qui a lieu le soir vers sept heures, quand je suis revenu de mes courses dans les rochers ou sur la rive. Une excellente soupe, le puchero avec le lard et les petits chicharos, la tomate et les piments, des tranches de merluche frites dans l'huile, un poulet rôti, une salade de cresson cueilli dans le ruisseau du tangage, des petits pois aux œufs durs, un gâteau de maïs au lait et à la fleur d'oranger, des brugnons, des fraises et un verre de vin de Malaga. Pendant que Pepita, qui sert, allant et venant autour de moi, chante ces chants qui aiguisent mon appétit de montagnard, le soleil se couche, la lune se lève, un bateau-pêcheur sort de la baie, tous les spectacles de l'océan et des montagnes se déploient devant moi mêlés à tous les spectacles du ciel, je parle basque et espagnol à Pepita, elle me conte des histoires de sorcières qu'elle invente et auxquelles j'ai l'air de croire, elle rit et tâche de me dissuader, j'entends chanter au loin les bouviers, et je ne m'aperçois pas que la porcelaine est en faïence et l'argenterie en étain.

PASAJES. (VOIR PYRÉNÉES, PAGE 353.)

TABLE.

ALPES ET PYRÉNÉES.

ALPES.

1839.

MIDI DE LA FRANCE ET BOURGOGNE.

IMPRIMERIE NATIONALE.

PYRÉNÉES.

1843.

VOYAGES ET EXCURSIONS

(CARNETS ET ALBUMS)

DE 1840 A 1871

Nous publions toute une série d'excursions et de voyages extraits des Albums et des Carnets de Victor Hugo : promenades en France, excursions en Suisse, voyages en Zélande et sur les bords du Rhin. Ce sont de simples notes qui devaient sans doute être rédigées et développées plus tard. Elles ne pouvaient fournir la matière d'un volume, elles trouvent donc tout naturellement leur place ici comme complément des volumes posthumes de voyages ; elles sont accompagnées de croquis de Victor Hugo.

1840.

LA FORÊT-NOIRE[1].

Lorsque j'étais enfant, ce mot, *Forêt-Noire,* éveillait dans mon esprit une de ces idées complètes comme l'enfance les aime. Je me figurais une forêt prodigieuse, impénétrable, effrayante, une futaie pleine de ténèbres avec des profondeurs brumeuses, des sentiers étroits cheminant à travers une herbe épaisse peuplée de reptiles invisibles, sous des arbres géants; partout des racines tortueuses sortant à demi de terre comme des poignées de serpents; de sinistres branchages épineux, des fouillis de sarments hideux se découpant comme des filets d'encre sur le ciel livide et y traçant çà et là l'inextricable paraphe du démon; des silhouettes immobiles de chats-huants perchées dans ces réseaux noirs; des yeux de braise flambant dans l'ombre comme des trous au mur de l'enfer; tantôt forêt lugubre d'Albert Dürer, tantôt forêt sinistre de Salvator Rosa; tantôt des bruits affreux, tantôt un silence horrible; les râles des chouettes, les huées des hiboux ou la morne taciturnité du sépulcre; le jour, une vague lueur; la nuit, une obscurité effroyable, avec quelques étoiles, pareilles à des prunelles effarées, dans les intervalles des arbres ou un blanc rayon de pleine lune au bout des branches.

Du reste les arbres de cette forêt de mes rêves n'étaient ni des sapins, ni des ormes, ni des chênes; c'étaient des arbres.

Plus tard, quand un peu plus de vie réelle commença à pénétrer dans mon imagination et à s'y mêler aux fantômes, ce ne fut plus la Forêt-Noire, ce fut la Forêt-Sombre. Elle était bien encore formidable et lugubre par endroits, mais un fantastique rayon de soleil y tombait dans des clairières

[1] Cette description de la Forêt-Noire est prise dans l'Album emporté par Victor Hugo, en 1840, pendant son second voyage au Rhin.

Nous avons dû, en publiant *le Rhin,* écrit sous forme de *Lettres à un ami,* respecter dans cette édition et la classification établie par l'auteur, et l'ordre chronologique suivi dans l'édition originale. Nous nous sommes contentés d'indiquer les raisons qui avaient poussé Victor Hugo à antidater les *Lettres du Rhin* (*Le Rhin,* Historique, p. 505 et 507).

Mais dans ce volume nous nous croyons autorisés à reproduire ces quelques pages, sorte de complément intime aux *Lettres* publiées par Victor Hugo.

profondes entrevues à travers une colonnade d'énormes troncs d'arbres. Dans ces clairières paissaient des troupeaux frissonnants de biches et de daims, et de petits ruisseaux d'argent, où les fées venaient la nuit laver leurs pieds nus, y coulaient sur un joyeux gazon vert. Les arbres avaient pris un feuillage distinct, et étaient devenus des chênes immenses. Sous ces branchages qui avaient encore je ne sais quoi de surnaturel, erraient des figures, des visions, des apparitions tantôt charmantes, tantôt redoutables. C'était la duchesse Ottilia, ou l'abbesse Margeretha, ou le sévère Hermann Ier, rhingrave de Freiburg au onzième siècle, marchant gravement, le casque en tête, avec sa longue barbe, vêtu d'une robe blanche et d'un scapulaire noir, un bâton dans une main, un livre dans l'autre, ou l'antique Berthold, landgrave du Brisgau, duc de Souabe, marquis de Vérone et de Bade, entièrement habillé de fer et secouant un lion sur sa bannière, ou le jeune margrave Jacob passant sous les futaies avec son morion ducal d'où sortaient deux cornes de cerf; ou le Freischutz avec ses spectres, ou Schinderhannes avec ses bandits.

C'était encore, comme vous voyez, une Forêt-Noire fort peu habitable. Cependant j'y voyais des bûcherons et j'y entendais le bruit des cognées. Cette seconde Forêt-Noire de mes rêves était évidemment située sur un plateau de l'enfer moins éloigné du ciel que la première.

[LÉGENDE.]

Bôhdan, le formidable chef zaporavien, vient de traverser Vlemiki. D'une main il a semé l'incendie et de l'autre il a semé les sépulcres, ces pierres froides que le soleil blanchit çà et là dans la plaine. Le village florissant n'est plus. La grande tour carrée bâtie par les princes payens de Circassie est fendue comme d'un coup de sabre jusqu'aux deux tiers de sa hauteur, et les cabanes écroulées l'une sur l'autre fument autour de sa base comme le tas de cendre où cuisent les châtaignes.

Quel jour tomberas-tu, ô tour de Vlemiki?

Si les pierres pouvaient parler, la tour répondrait : J'étais déjà tombée depuis longtemps, puisque l'esprit des anciens hommes est mort. Je suis tombée depuis longtemps, ô passants qui questionnez les pierres. Ce n'est que mon spectre qui est debout.

La désolation est immense. Le village est brûlé, les forêts de pins sont brûlées, les champs de maïs sont brûlés. A peine, à une ligne pâle qui serpente dans le paysage noir, reconnaît-on le sentier de Vlemiki, le sentier fleuri de Vlemiki où les jeunes filles riaient le matin, où les vieillards riaient le soir, car l'alouette chante dès l'aube et le hibou ne devient joyeux qu'à la nuit. La cendre et le charbon, voilà maintenant la verdure et les fleurs de Vlemiki. Toute cette grande plaine est comme le dessus d'une maison incendiée. L'église, brûlée avec sa haie d'aubépine, n'est plus qu'un sombre amas de décombres tombé sur la croix disparue.

Quel jour te relèveras-tu, ô église de Vlemiki?

Si les pierres pouvaient parler, l'église répondrait : Je ne suis pas tombée, je suis toujours debout. Je ne suis pas une église, je suis l'église. La maison où vivent les hommes meurt avec les hommes; la maison où vit Dieu ne peut mourir qu'avec Dieu. Je suis debout, ô passants qui interrogez les choses. Ce que vous voyez gisant à terre, ce n'est pas moi, c'est mon ombre.

St-Goar, 19 septembre 1840.

— NOTES. —

I

19 octobre.

Forêt-Noire. — Merisiers au bord de la route. — Ouragan. — Les feuilles volent comme des essaims d'oiseaux, les sapins agitent éperdument leurs guirlandes funèbres.

Les immenses vagues de l'air, molles et calmes dans les plaines, se heurtent, se déchirent, se brisent, tourbillonnent et, pour ainsi dire, écument aux crêtes des hautes chaînes de montagnes comme les flots de la mer aux bancs de rochers. De là les grands vents furieux des Alpes et des Andes.

Il pleut à verse. Les paysans, accoutrés pour l'orage, apparaissent sous les aspects les plus fantastiques. Les uns arborent des houppelandes inexprimables, des paletots dantesques, des parapluies dont aucun rêve n'approcherait, ou surgissent au-dessus d'une énorme cravate que le vent dénoue et qui leur fait une barbe rouge ou bleue. Les autres s'engloutissent sous de prodigieux chapeaux qui leur donnent l'air de passants absurdes coiffés d'un chaudron. Les femmes marchent dans les flaques d'eau en relevant gracieusement leur jupe sous laquelle on aperçoit une paire de bottes.

Il fait beau, charmants costumes. Il pleut, affreuses guenilles.

Papillons au soleil, dans l'orage chenilles.

Spaïchingen, village calviniste; le dimanche, grave et superbe costume des femmes. Veste de velours noir, cravate noire nouée derrière le cou, coiffe-calotte de soie noire tombant jusque sur les sourcils avec deux longs rubans et deux longues nattes de cheveux par derrière. Jupe très grosse et très courte de laine noire, et tablier de taffetas noir à mille plis, bas rouges. Elles sont charmantes ainsi. De beaux paysans de Watteau, coiffés du tricorne équilatéral, en culotte courte, en gilet à ramages et en bas blancs serrent de fort près les jolies filles dantesques. On s'en va par couples dans la Forêt-Noire.

On rencontre souvent en Allemagne des églises coupées en deux longitudinalement par une espèce de barrière en bois à claire-voie. D'un côté sont les catholiques romains, de l'autre les luthériens. La messe agite sa clochette à droite, le prêche élève la voix à gauche ; l'église reste parfaitement tranquille.

Des religions qui se coudoient sans s'indigner sont des religions bien malades. Cette paix des églises partagées, c'est le bon voisinage de deux lits d'hôpital où chacun agonise de son côté.

II

— DE DONAUESCHINGEN A HAUSACH. —

22 octobre.

Hautes colonnades grises des pins avec leurs chapiteaux verts. Bras noirs du chêne secouant au vent d'automne les rouges haillons de son feuillage.

Il a neigé cette nuit. La route court sur un haut plateau défriché. On ne voit autour de soi dans un immense horizon que des plaines blanches et des bois noirs où volent par nuées des pies et des corbeaux. Une fumée de charbonnerie sortant çà et là d'entre les sapins raie ce paysage demi-deuil.

Goût d'ornement de ces paysans. — Dans les villages, pots de fleurs peints sur les chaumières les plus misérables, ou paysages naïfs à perspective chinoise. Des entrelacements de joncs de diverses couleurs font des arabesques aux paniers des servantes. Les manches à balai rubannés de rouge et de bleu. Les seaux et les baquets peints. Les coffres coloriés avec rosaces et compartiments bleus et rouges. Une madone peinte sur le tamis.

Jolis costumes des femmes. Calottes brodées, jupes noires, corsets galonnés lacés par devant avec des rubans bouton d'or, bas mi-partis bleu et blanc, chemises à grosses manches blanches ; bras nus, même sous le givre et la glace. La coquetterie est une perce-neige.

Rouliers à dix chevaux. Aigles à deux têtes imprimés sur les plaques de cuir des harnais.

Solitudes profondes. De temps en temps passe un roi homérique avec son ministre et son peuple, c'est-à-dire un berger avec son chien et son troupeau de moutons.

Toujours des paysans Louis XV. Un ruban moiré et un large anneau d'argent à leur chapeau.

Dans les auberges, on vous change vos pièces d'or contre des cuivrailles quelconques. Plus je vois les liards étrangers, plus j'apprécie les napoléons français.

Midi. — La Forêt-Noire devient de plus en plus une plaine blanche. Çà et là, quelques sapins sombres faisant tache. Le bon Dieu a renversé son encrier sur le paysage.

Voici des vallons. Voici la vie. Un ravin s'ébauche sur la croupe du plateau. Une petite rivière à pleins bords y serpente. Roues écumantes sous toutes les cabanes. — Maisons à toits de planches ou de chaume, vermoulus, chargés de mousse. Des pigeons sur le faîte, un chien-loup au seuil. Dans l'intérieur, on entrevoit des chats rêveurs sur des échelles-escaliers.

Admirable descente! Ah! voici le beau : vallée verte, mille ruisseaux. Replis sans fin de la route au flanc de la montagne. Grands toits noirs au bord de l'eau dans les arbres, ce sont des saboteries qui cognent à l'ombre de leurs merisiers, des distilleries qu'on voit fumer, des scieries qu'on entend haleter. Vaches et chèvres broutant dans les rochers. Souches d'arbres que les montagnards traînent avec des chaînes. Troncs des sapins qui glissent par le ravin du haut de la montagne.

— Hornberg (montagne-corne). Une tour carrée, ruinée, dominant un joli village vivant. — Avant d'y arriver, arche dans le rocher au milieu du chemin. C'est ici, plutôt qu'à Gernsbach qu'on aurait dû inscrire sur le rocher l'inscription :

EX RUPE FRACTA
HÆC VIA FACTA

Brisures du granit imitant des escaliers penchés. Ombre profonde et croissante des montagnes. Cavernes inaccessibles. Ici on a pris Schinderhannes. Grâce riante de la vallée.

La nuit — pluie battante. La terre tremble tout à coup sous la voiture. Un bruit effrayant. C'est un torrent qu'on passe sur un pont de bois. De hautes gerbes d'étincelles secouées par le vent jaillissent du milieu de la forêt. Le paysage apparaît modelé vaguement par une réverbération rougeâtre. Ce sont des charbonneries qui flambent.

III

23 octobre, matin.

La route est charmante entre les arbres. — Ce torrent, qu'elle côtoie, c'est la Gutach. Le piquebois, son petit ventre blanc collé contre l'écorce, épluche l'un après l'autre tous les arbres des vergers.

Rivières. — Cascades à chaque pas. — Bœufs buvant au torrent.

Enseignes des auberges : Un cerf. Un cor de chasse. — Un lion tenant un verre de bière dans sa griffe. — Un archer Louis XII ajustant une cible (*le tireur*).

Le costume de l'homme ressemble au milieu dans lequel il est placé. Dans la Champagne pouilleuse, où la campagne n'est qu'un rapiéçage hideux de guenilles rousses ou grises, le costume du paysan n'est qu'un haillon de plus. Dans la Forêt-Noire, où tout est vie, végétation, ruissellement, parfum, pistil frémissant, corolle ouverte, pétale peint, la paysanne est habillée comme une fleur.

Maisons telles que la montagne les fait, basées sur le rocher du mont, couvertes de la paille de la vallée, bâties et revêtues du sapin de la forêt; bravant la pluie sous leur grand toit rabattu sur leurs yeux, le vent sous leur empierrage, l'inondation sur leurs piliers; ajustées comme des vaisseaux de ligne. Un compartiment pour chaque objet. Chaque chose a sa place. Meules à repasser les haches et les faulx. Niche coloriée du saint à l'angle. Fenêtres à coulisses. Vitres lavées, châssis peints. Trois ou quatre étages. En bas le bois, en haut le fourrage. Galerie à jour entourant la maison. Balcon-sécherie. Linge. Maïs. Citrouilles. Balcon de plaisance, au midi, sur la belle vue. Compartiment des mousses et des fougères séchées. Oignons tressés en couronnes. Toits charmants de forme et de couleur. Pièces neuves aux vieux toits, de chaume aux toits de bois, de bois aux toits de chaume, de chaume et de bois aux toits de tuile. Je ne sais quel goût capricieux et vif dans ce bariolage. Pots de fleurs partout. Vitrages carrés et ronds. Châssis bleu-ciel ou vert-tendre sur les façades noires ou rouge sombre. Femmes et enfants, heureux et actifs. A défaut du saint, le chiffre J卌S en rouge sur le mur blanc. Cabanes-palais devant lesquelles se promènent majestueusement l'oie et le coq d'Inde, ce cygne et ce paon du paysan.

On voit dans l'intérieur pendu à un clou le chapeau de fête de la paysanne, gracieuse rondache de paille grossière ornée de roses en laine rouge qui font sur ce jaune d'or un fracas charmant.

Fagots noirs et copeaux blancs. — Devant la porte, les roues, les montants et la flèche du chariot démonté. La fontaine tombe en filet d'argent de son aqueduc de bois. — En passant sur la route entre le torrent et la montagne on entend faire la prière à voix haute dans les chaumières. Les vieux toits de chaume devenus gris sont comme de grandes peaux de chevreuil. Ils écrivent sur la façade de la maison le nom de l'homme et de la femme et la date du mariage. Dans un endroit sauvage, cabane isolée et riante avec cette inscription : *Fidelius Meid. — Thekla Merckel 1793.*

1793! date de bonheur! Ils ont ignoré les révolutions, ils ont été heureux! Philémon et Baucis.

Au moment où je passais, je m'arrêtai devant la cabane, sept carreaux s'ouvrirent l'un après l'autre et sept blondes têtes d'enfants joyeux y apparurent. Au fond je voyais une belle jeune femme assise et filant. Auprès d'elle deux vieillards, Fidelius et Thekla, sans doute, les ancêtres de tout ce petit monde, l'Adam et l'Eve de ce paradis.

Vieillard calme, vieille femme souriante. Elle se hâtait de dresser une vieille table près de son mari pour son déjeuner.

> Baucis en étaya les appuis chancelants
> Des débris d'un vieux vase, autre injure des ans.

Un rayon de soleil dorait la tête d'un huitième petit enfant assis comme sous un porche entre les jambes vénérables de l'aïeul.

Je contemplais cette famille de patriarches, je me disais : l'année de la terreur s'est mêlée à cette églogue. C'est le jour des révolutions que leur bonheur a commencé. Ils ne savent pas qu'un tourbillon de ténèbres couvrait l'Europe à l'heure même où leur aube se levait. Le monde était bouleversé, ils l'ignorent, leur vallée était tranquille. Ils ont écrit cette date sur ce mur et ils la bénissent tous les jours. 1793! chiffre flamboyant pour l'univers entier! chiffre rayonnant pour cette chaumière!

IV

— DE HAUSACH A FREUDENSTADT. —

Matin. — Dans ma chambre, odeur des sapins fraîchement coupés. Un torrent fume et bout sous ma fenêtre avec le bruit d'une marmite de géant.

Cherté des auberges.

Le vieil esprit de la Forêt-Noire est là tout entier, mêlé au progrès européen. Heureuse combinaison de Jean l'Écorcheur avec Robert Macaire. Il semble que la fameuse bande de 1799 se soit dispersée dans tous les Gasthaus, s'y soit établie homme par homme, et y prospère comme autrefois, — au bord des grands chemins. Aujourd'hui le voyageur, à son débotté, est reçu sur des perrons ombragés d'une grande enseigne-potence en fer doré par des hommes gras et souriants, — voleurs sous Schinderhannes et aubergistes après sa mort.

(Des auberges-cavernes excepter *Rippoldsau*. Excellente et honnête. Hospitalité plutôt qu'hôtellerie.)

Midi. — En montant le Kniabis.

Il a neigé. On croirait voir des milliers de colombes perchées sur les sapins décrépits rongés par le lichen.

En bas de la montagne le printemps, en haut (1,700 pieds), l'hiver. De vastes plaines blanches. Le toit blanc des chaumières entrevu dans la brume. Des balises bordent la route. Sous la neige une terre noire. Çà et là des flaques d'eau qui ont l'air de mares d'encre.

V

— DE FREUDENSTADT A GERNSBACH. —

24 octobre. — Matin.

Au cœur de la Forêt-Noire, il y a une ville. Au centre de cette ville il y a une immense place carrée bordée sur ses quatre côtés de vieilles maisons basses et larges, presque uniformes, surmontées de vastes pignons aigus et portées par des arcades déjetées ou par des piliers décrépits. Au milieu de cette place il y a une ravissante fontaine du quinzième siècle. Cette place, entourée de sa quadruple galerie d'arcades et de piliers, rappelle, avec je ne sais quoi d'étrange, d'antique et de grand, la place Royale de Paris et la place ducale de Charleville. Les rues de la ville sont larges, les maisons n'ont qu'un étage sous le pignon, les baies des portes offrent toutes les coupes depuis l'architrave à consoles du treizième siècle jusqu'à l'anse de panier du quinzième. Devant chaque maison s'élève une grosse pile de bois. La ville est sur un grand plateau nu, défendu et rendu presque inabordable par d'âpres escarpements et de profondes vallées, blanchi par la neige dès le mois d'octobre, et bordé de toutes parts par les crêtes noires des sapins. Presque aucun voyageur ne passe là.

Cette Tombouctou de la Forêt-Noire s'appelle Freudenstadt.

Orage. Des tourbillons de feuilles grises s'envolent des arbres furieusement secoués par le vent comme des essaims d'oiseaux effrayés. — Rouliers. — Chapeaux coniques qui ont la forme du long moyeu de leur voiture.

Murg. — Rochers; — blocs; — écume. Figurez-vous un immense mur cyclopéen écroulé à travers lequel coule une eau furieuse.

Prodigieux sapins (80, 100 pieds). Les rochers moisis et moussus descendent pêle-mêle de la montagne à travers la forêt comme un troupeau d'énormes crapauds verts. De temps en temps un gros rocher debout et arrondi au sommet se dresse comme un pouce de titan avec un doigtier de mousse.

On a exploité autrefois dans la Forêt-Noire des mines de cuivre, de plomb, de bismuth et d'argent. A la rigueur après un grand orage on pourrait voir étinceler sous les pieds des chevaux des dodécaèdres de sulfure de cuivre, des stalactites de cuivre gris et des cristaux de phosphate de plomb vert.

Verrerie de Schwazenberg. On y parle encore de Schinderhannes.

Pêcheries. — Pêcheurs à la ligne dans le torrent.

Précipices profonds. Rochers vert-de-grisés par le lichen.

Sapins écorcés roulés par la Murg, qui seront assemblés en radeaux à Mannheim et iront faire des mâts de navire à Rotterdam et à Dordrecht. La Murg les jette au Rhin qui les emporte à l'océan.

Haut sommet d'où les détours de la Murg dessinent dans la vallée une tête de taureau avec les cornes.

Apres chemins creux qui servent l'été aux chariots à bœufs et l'hiver aux torrents. — La végétation copie l'homme. Le chou coiffé de son immense chapeau caresse la betterave en jupon vert sombre et à bas rouges.

Vers midi les nuages s'enlèvent en laissant à nu sur les montagnes les sapins poudrés de neige. A chaque instant admirables torrents de toutes les couleurs, vert-bouteille, bleu-saphir, cristal-fumé, topaze-brûlée.

Manie des kiosques. Où la vallée est le plus admirable, on est sûr de trouver un affreux petit belvédère à colonnades, niché dans les arbres sur de magnifiques rochers qui n'en peuvent mais. Cela est partout en Suisse comme en Allemagne. Si j'étais M. de Bade, je ferais écrire en grosses lettres sur la vieille muraille granitique de la Murg : *Défense de déposer des rotondes et des temples grecs le long de cette vallée.*

VI

25 octobre.

Rastadt, ville des congrès. On y fabrique, dit l'annuaire commercial, de jolis ouvrages en papier mâché. Épigramme du hasard qui les fait souvent bonnes. Mélancolique palais de la margrave sybille. Le gracieux devenu grave, le joli devenu lugubre, le coquet devenu sépulcral. On s'attend à rencontrer sous ces bosquets en ruine des spectres de poupées.

Jardin, grands marronniers. Je me suis promené dans ces allées dont le tracé se dérobait.

Statues tristes au-dessus d'une treille, brutalisées par des vignerons; elles, ces Pomones et ces Dianes, qui, il y a cent ans à peine, étaient courtisées par des seigneurs. Charmant fronton rococo exhaussé sur perron de la chapelle bâtie par la margrave sybille. Triple blason de la margrave dans le tympan. Dédicace où la vierge est qualifiée comme je ne l'ai vu nulle part, d'une façon qui sent un peu l'hérésie, ce me semble : *Filiæ dei patris, matri dei filii et sponsæ dei spiritus sancti, beatæ Mariæ Virgini.* Dans la chapelle une lampe qui brûle. Une madone, vraie madone espagnole, entourée d'ex-voto, vêtue de brocart d'or et de perles derrière son grillage, avec le bambino couronné dans ses bras. Devant la madone prie une pauvre femme en haillons qui tient aussi un enfant.

Sous les feuilles jaunes, fontaines taries, bassin effacé. Grand gazon devant la façade coupé par une allée en croix qui le fait ressembler à un blason de la croisade posé à terre. Volets dorés par le haut, noircis de vétusté par le bas, fermés. Un promeneur dans le jardin. Un seul. Un vieillard. A l'aile gauche, porte de fer, volets de fer fermés. Effet sinistre.

Façade sur la ville, copie de celle de Versailles. Guérites creusées dans les piédestaux des statues qui font que Minerve et Hercule ont un soldat badois entre les jambes.

Pendant que j'errais dans le jardin, l'horloge de ce château, si joyeux et si brillant jadis, maintenant sombre, muet et désert, a frappé lentement et tristement douze coups. On eût dit qu'elle sonnait minuit à midi.

VII

27 octobre.

J'ai traversé la plaine du Rhin en ligne directe, dans sa largeur, de Heidelberg à Dürkheim, des montagnes du Neckar aux collines d'Eisenach, dix lieues dont j'ai fait une moitié le matin en chemin de fer et l'autre le soir en voiturin. A Mannheim j'ai passé le Rhin sur un pont de bateaux.

Dans les champs, vaste plaine plate et nue en automne, les grands faisceaux des perches du houblon imitent les tentes d'un camp, et quand on approche de Philippshall les baraques de la Saline ajoutent à l'illusion.

A Dürkheim, pendant que le cocher fait manger l'avoine à son cheval, ascension aux ruines de l'abbaye de Limbourg, à la nuit tombante. — Fondée en 1030 par l'empereur Conrad II et l'impératrice Gisèle sur l'emplacement de leur château où leur fils Conrad s'était tué par accident. Dévastée en 1504 par Enrich VIII, comte de Linange-Dabo. Brûlée. — Le tombeau du jeune Conrad est dans ces décombres. On dit que son ombre y revient. Je n'ai rien vu.

Le ciel visible par vingt-trois fenêtres crevées. Rires des enfants dans les vignes au bas de la colline. J'arrache un échalas et je m'en aide pour monter.

Une étoile à la haute fenêtre de la tour comme une lampe allumée.

Voyage de nuit dans les montagnes jusqu'à Kaiserlautern. Aspects étranges du paysage. Eaux entrevues. On ne sait si ce sont des lacs ou des rivières. J'aperçois sur les collines dans les broussailles, dans l'ombre, des ruines hideuses et bizarres, de vieux châteaux écroulés et déformés par le lierre, habités par des spectres, disent les légendes; la plupart de ces ruines dont on ne sait ni l'âge, ni l'origine, ni l'histoire, portent des noms singuliers dans le pays : *Ne grognez pas!* (Murr' mir nicht viel!). — *Ne regardez pas en arrière!* (Schau dich nicht um!). — Un canton de la forêt s'appelle : *Ne vous souciez de rien!* (Kehr dich an nichts!).

Un ciel blafard apparaît à travers les ogives noires. Le vent agite les broussailles sur les tronçons de vieilles tours. Comme les Septs-Monts, ces montagnes ont leur *Drachenfels* où Sigefroi-le-Cornu assiégea le dragon; comme Lorch elles ont leur *Heidenmauer* (mur des payens), un camp d'Attila sur une colline; comme le Wisperthal, elles ont leur pierre du diable, leur *Teufelstein,* roche percée où les druides faisaient leurs sacrifices. — Là aussi la caverne de Barberousse.

(Raconter la légende[1].)

VIII

Il y a un Rhin que tout le monde connaît ou du moins désire connaître. C'est le Rhin célèbre qui coule de Mayence à Cologne, ou pour parler plus exactement, de Bingen à Kœnigswinter, entre deux murailles de basalte. Mais il y a un autre Rhin qu'aucun voyageur ne côtoie et dont personne ne parle; c'est celui qui coule du lac de Constance à Bâle entre deux collines de roche calcaire. A mon sens, le Rhin supérieur n'est pas moins beau que le Rhin inférieur. Le Rhin inférieur traverse un bouleversement volcanique, le Rhin supérieur traverse une formation diluvienne. Le Rhin inférieur est plus large, plus vivant, plus superbe, a plus de villes, plus de navires, plus de ruines, plus d'histoire, plus de souvenirs, plus de grandeur. Le Rhin supérieur est plus vert, plus sauvage, plus écumant, tout aussi encaissé; il n'a pas les ponts de bateaux, mais il a les ponts de bois couverts; il a l'ombre de la Forêt-Noire, et les quatre villes-forestières, Waldshut, Laufenburg, Sœckingen, Rheinfelden, qui égalent peut-être, sinon en grandeur monu-

[1] Cette légende est racontée dans *les Burgraves,* acte I, scène des esclaves.

mentale, du moins en beauté pittoresque, les quatre villes impériales du Rhin inférieur, Spire, Mayence, Coblentz et Cologne; il n'a pas le Mein et la Moselle, mais il a la Murg et le Neckar; il n'a pas les Sept-Monts, mais il a Schaffhouse.

IX

J'ai vu la Meuse, le Rhin, le Neckar, la Moselle. J'ai étudié les questions de guerre et de paix, d'équilibre et de perturbation, les soldats prussiens, autrichiens, hessois, badois, tous les aigles et tous les lions et tous les griffons de la confédération germanique; maintenant, dans une auberge-métairie, je passe ma journée à contempler une basse-cour où il y a un chat.

Rien ne me divertit comme un chat dans une basse-cour. C'est un spectacle charmant. Le chat est un philosophe distingué, un poëte, un penseur, un fabuliste. Il vit parmi les animaux. Regardez un peu ma basse-cour, je vous prie. Le dogue, qui a veillé toute la nuit, dort tout le jour dans sa niche. Le pourceau grogne dans sa souille. Le lapin est bête, le dindon est sot, l'oie est stupide. Les uns cancannent, les autres caquettent. Tous bavardent au hasard sans écouter leur voisin. La poule, cette commère, jalouse la pintade qui prend des façons pincées de créole et d'étrangère. Le canard, ce porc de la gent volatile, se goberge hideusement dans la mare. Le coq, cet hidalgo, fait le bravache, promène et varie ses allures de capitan et s'épuise en dévouement, en désintéressement et en galanterie pour son sérail comme un chevalier arabe.

Le chat, lui, est dans son coin, dans sa fourrure, il a chaud, il est bien, il est seul; il a la meilleure place au soleil, il ne dit rien. S'il s'absente une heure ou deux, c'est pour aller chasser dans le verger, chasser non en chien, mais en chat, non pour les autres, mais pour lui. Que voulez-vous? La vie a des besoins misérables, il faut dîner tous les jours, et puis il est un peu gourmand, et puis un chat de basse-cour est un chat honorable et décent qui laisse les souris, fi donc! aux tigres de gouttière. Il a donc déjeuné discrètement, dans l'ombre, d'un moineau ou d'un chardonneret. Il revient, il reprend sa place, il se rassied, il rêve, il observe, et toujours et dans tous ses mouvements et dans toutes ses actions il déploie avec son grossier entourage ces manières de bonne compagnie, cette réserve, cette propreté en toutes choses, cette politesse légèrement ironique, ce demi-dédain indulgent, cette bienveillance à griffes cachées, cette supériorité voilée, cette résignation élégante, cet égoïsme savant, gracieux et sournois d'un homme d'esprit fourvoyé dans une réunion d'imbéciles.

IMPRIMERIE NATIONALE.

1844.

NEMOURS ET MONTARGIS.

NEMOURS.

2 octobre.

Nemours n'est pas dans la montagne, mais il a des collines et des ravins; Nemours n'est pas dans la plaine, mais les lignes y sont tranquilles et l'horizon y est calme; Nemours n'est point dans la forêt, mais il a des arbres: Nemours n'est point au bord de la mer ni au bord d'un lac, mais il a de l'eau; Nemours n'a pas un palais ruiné comme Heidelberg ou Tancarville, mais il a un vieux fort du treizième siècle avec tour carrée et châtelet flanqué de quatre tourelles, aujourd'hui logis de fermier; les poules jouent dans les fossés, les pigeons nichent dans les mâchicoulis, et, de même que le soldat se fait laboureur, le donjon s'est fait colombier. C'est une loi; tout ce qui vieillit s'apaise. Nemours n'a pas une cathédrale comme Amiens ou Chartres, mais la paroisse est une de ces magnifiques églises de campagne, qui sont, dans leur genre et toute proportion gardée, aussi rares, aussi complètes, et on pourrait presque dire aussi belles que les cathédrales. Nemours n'a pas de vieilles rues à maisons sculptées comme Nuremberg, Rouen, Vitré ou Ernani, ni d'admirables places à devantures gothiques comme Francfort ou Bruxelles; mais les rues, la place et les maisons de Nemours, quoique un peu bien défigurées et engluées de badigeons variés, ont conservé la disposition, la dimension, l'irrégularité et la gaîté du moyen-âge.

Le Loing, qui passe à Nemours, a le sommeil d'un étang et la vie d'une rivière; les truites y fourmillent, les joncs y poussent, la rive y miroite. Aucun bateau à vapeur ne vient tuer le poisson, couper les roseaux et briser le miroir.

Nemours a des rochers comme Fontainebleau, des ombrages comme Montmorency, une ruine comme Montfort-l'Amaury, une flèche comme

32.

Saint-Denis, des moulins comme Chaudfontaine, des tanneries comme Louviers, des maisons au bord de l'eau comme Saint-Goar. Ce qui est dispersé ailleurs est réuni à Nemours. Seulement c'est un groupe de choses modestes et paisibles, vieillies et riantes, dont aucune ne vous émerveille, dont aucune ne vous ennuie. Rien n'y est sublime, tout y est charmant. A l'âge de l'ambition, des soucis et des affaires, Nemours n'a rien à vous dire. Cela est trop doux, trop serein, trop retiré, trop solitaire. Il faut être à Nemours jeune et amoureux, et courir avec la joie des anges dans le cœur sur ces beaux gazons pleins de papillons et de fleurs, ou vieux et pensif, et se chauffer au soleil sur le seuil de ces humbles maisons que baigne une eau endormie. Nemours a tout à la fois le rayonnement des premières années et la paix des derniers jours. C'est un de ces lieux comme on en rêve pour commencer la vie ou pour la finir.

Autrefois la forêt de Fontainebleau venait jusqu'à Nemours. *Nemus, Nemoris vicus,* dit l'étymologie. Aujourd'hui Nemours est hors des bois. Pourtant un ravissant paysage continue d'envelopper la ville. Les hommes ont abattu les arbres, mais ils n'ont pu tuer la verdure.

L'église, commencée au treizième siècle et terminée au seizième, est d'une masse admirable. C'est une flèche sur porche à jour appuyée à un immense pignon, derrière lequel se prolonge et se développe une grande nef avec transept ébauché, entourée d'une foule de chapelles très basses qui forment au dehors autant de petits châtelets à tourelles et à toits pointus. De robustes arcs-boutants à larges écartements rattachent puissamment ces châtelets à la nef. Tout cet ensemble est d'une forme hardie, simple, sévère et superbe. La couleur n'est pas moins belle que la forme. Les siècles ont répandu leur harmonie sur la pierre des murailles et sur l'ardoise de la flèche. Un vaste cadran à plaque métallique rehausse le grès noir du clocher. L'église, malheureusement grattée et badigeonnée à l'intérieur, a quelques vitraux précieux. Les lancettes de l'abside sont de belles verrières du quinzième siècle.

Le château que j'ai revu depuis que j'ai commencé d'écrire ces lignes est un peu moins champêtre que je ne croyais. Il appartient à la ville qui le loue à divers fermiers et en tire parti comme elle peut. On a fait des caves une prison, du rez-de-chaussée une salle de danse, et du premier étage un théâtre; ce qui n'empêche pas les poules et les pigeons. Les pauvres prisonniers gémissent en bas, la pochette fredonne à l'entresol, le vaudeville roucoule à côté du colombier. Une sécherie de laines occupe les combles. N'y a-t-il pas quelque chose de profondément triste dans cette niaise manie d'utilité qui possède les conseils municipaux et qui fait ainsi d'un antique manoir historique je ne sais quel édifice arlequin ?

Aux portes de la ville se dresse une élégante flèche du douzième siècle. C'est Saint-Pierre-les-Nemours. Les collines qui bordent l'horizon, toutes couronnées d'un entablement de grès et d'un bouquet de pins, ont une forme gothique et rappellent de vieux fonds de tableaux flamands. Le grès explique et justifie toutes les roches invraisemblables de Van Eyck et d'Otto Venius.

De même que j'aime les anciennes villes, j'aime les anciennes auberges, les hôtelleries, comme disaient nos pères. On descendait de voiture dans la rue devant la porte où l'hôte vous accueillait en souriant. La première pièce où l'on entrait, c'était la cuisine. Le feu flambait dans la haute cheminée; la braise empourprait les fourneaux; de belles poteries, des faïences bleues, de vastes plats du Japon resplendissaient çà et là sur le mur sombre et enfumé. Un tournebroche gigantesque grinçait devant le feu; et la broche chargée de viandes tournait lentement au-dessus d'une longue lèche-frite, vous montrait tour à tour la venaison, la volaille et le gibier, et semblait vous dire : choisis. On choisissait en effet, et cette belle joyeuse flamme de fagot et de sarment, tout en cuisant le souper, réchauffait le voyageur. — Aujourd'hui on descend « à l'hôtel »; l'auberge, fi donc! on entre dans une cour; un monsieur, qui est le garçon, vient vous recevoir d'un air dédaigneux pour le voyageur pauvre, ironique pour le riche. On vous fait monter un perron, puis un escalier orné de bronzes, et vous voilà dans une chambre où il y a des rideaux de calicot rouge et un secrétaire en acajou. Vous demandez du feu; on vous apporte avec cérémonie un morceau de bois vert et mouillé qui ne brûle pas dans une cheminée qui fume. Au bout de cinq minutes vous éteignez la bûche et vous ouvrez la fenêtre. Ce feu vous coûtera quarante sous. Vous demandez à souper. Le monsieur, qui est le garçon, vous apporte sur un petit guéridon branlant un poulet qu'on a déjà servi et un fricandeau qui a déjà servi. Ce fricandeau, ce poulet, ce guéridon et ce monsieur vous coûteront quatre francs. — Ceci est l'hôtel. Je préfère l'auberge.

L'écu de France, à Nemours, est une auberge.

Hier, j'étais sorti de la ville comme le soleil se couchait et j'avais été voir quelques grès bizarres qui sont au bord de la route de Montargis. Quand je suis rentré à Nemours, la nuit était tombée et la lune se levait. Quelques nuages qui couraient dans le ciel voilaient la lune par instants et jetaient sur l'horizon de vagues ombres. Des jeunes filles accoudées au parapet du pont chantaient doucement. J'entendais le froissement de la rivière dans les roseaux. L'église et le château profilaient sur un ciel pâle leurs silhouettes gigantesques qui tremblaient dans l'eau parmi de longues lames d'argent. Une lueur brillait dans l'église et découpait vivement sur la masse ténébreuse de l'abside les verrières lumineuses avec leurs fenestrages noirs. Toute la ville se taisait. Tout cela n'était ni une ville, ni une église, ni une rivière, ni de la couleur, ni de la lumière, ni de l'ombre; c'était de la rêverie.

Je suis resté longtemps immobile, me laissant doucement pénétrer par cet ensemble inexprimable, par la sérénité du ciel, par la mélancolie de l'heure. Je ne sais ce qui se passait dans mon esprit et je ne pourrais le dire; c'était un de ces moments ineffables où l'on sent en soi quelque chose qui s'endort et quelque chose qui s'éveille.

MONTARGIS.

3 octobre.

Montargis m'est apparu égayé par un jour de foire, attristé par un jour de pluie. Les chèvres, les bœufs, les vaches baissaient leur tête oblique liée par une corde et tirée par un bouvier, les paysans endimanchés, les paysannes juchées sur leur charrette, encombraient les rues et les places. Partout le bruit, le mouvement, le choc des enchères, les éclats de rire; partout les boutiques en plein vent, les étoffes déployées, les vaisselles étalées à terre, les passequilles et les bimbeloteries; partout aussi la boue, l'ondée et les parapluies ouverts. Çà et là des tréteaux; une vieille femme debout sur un cabriolet, ornée d'une perruque jaune et d'un turban rouge à gland d'argent, offrait aux marchands de bœufs ébahis une poudre merveilleuse et montrait des vers solitaires dans des fioles; un saltimbanque coiffé de chiendent cabriolait sur des chaises cassées; les bateleurs étaient en verve; la foule était en joie; mais tous les paillasses du monde ne valent pas un rayon de soleil.

La ville, entourée de verdure, baignée d'un côté par le Loing, de l'autre par le canal, est jolie. Il reste quelques tours de la vieille enceinte du treizième siècle dont les bourgeois ont fait des terrasses et des tonnelles pour leurs jardinets. Çà et là, le canal, bordé de tanneries, rappelle Louviers et Amiens. L'église qu'on nomme, je crois, Sainte-Marguerite, est un assez beau vaisseau du quinzième siècle. L'abside va jusqu'au seizième. Des gens d'esprit ont remplacé les anciennes verrières par d'affreuses vitrailles de couleur dans le goût du café turc.

J'étais curieux de voir le château, ce magnifique château de Montargis, célèbre dans toute l'Europe, dont la grand'salle dépassait en longueur et en largeur la salle des pas-perdus du palais de justice de Paris. Je suis monté sur la colline par un escalier entre deux maisons; j'ai franchi une haute porte-donjon du douzième siècle à archivolte romane; j'ai traversé plusieurs cours, et je suis arrivé ainsi jusqu'à une claire-voie de bois peinte en gris fermant une allée d'arbres bas et touffus. J'ai poussé la claire-voie, et je suis entré dans l'allée. Au bout de l'allée j'ai trouvé une maison, une grande maison triste et blanchâtre, tapissée de figuiers, composée d'un seul étage avec un pavillon à toit pointu et une terrasse d'où l'on voit la ville et la plaine; du reste solitaire, lézardée, délabrée, close, barricadée et déserte. Le jardin, plein de hautes herbes, envahi par la ronce et l'ortie, avait comme la maison quelque chose de farouche et de sauvage. Je cherchais des yeux à travers les branchages les hautes tours, les mâchicoulis sculptés, les créneaux formidables du château de Montargis. Rien ne m'apparaissait. Enfin, à force de fureter dans les broussailles, j'ai découvert je ne sais quels tronçons informes, des pans de murs rongés de mousse; j'ai fait quelques pas dans la fougère mouillée, et j'ai aperçu par une brèche sous des buissons le caveau circulaire, noir et voûté d'une tour. La tour a été rasée. J'ai fait quelques pas encore, et je me suis trouvé sur une vaste esplanade toute couverte de ciguë et de bouillon-blanc. Un fossé dégradé borde cette esplanade dont le contour ondule et dessine vaguement au regard le plan géométral d'un grand édifice; des renflements arrondis indiquent la place des tours. J'avais sous les yeux le château de Montargis.

1849.

LA SOMME ET L'OISE.

8 septembre. — Compiègne. — Loué un cabriolet 15 francs par jour.

9 septembre. — Parti pour Amiens à midi. — Cheval blessé. Une heure à Montdidier. — Vu les églises, le jacquemart. Statue de Parmentier, en habit de l'institut, une pomme de terre à la main, le tout en bronze y compris la pomme de terre. Décidément pour n'être pas ridicule en bronze, il faut avoir pensé ou combattu.

A Moreuil à 6 heures du soir. Affreux gîte. Dîné et couché à Moreuil.

Vers faits en dormant dans la nuit du 9 au 10 à Moreuil : (sur l'empereur, — moment où l'on délibérait sur lui après Waterloo)

> Les rois ne savaient plus que faire du Titan,
> effrayant captif
> Quel captif pour ces nains que le maître du monde !
> Ils songeaient, le cœur plein d'une angoisse profonde,
> Et, tout tremblants encor de l'avoir vu tomber,
> L'œil fixé tour à tour sur le colosse et l'onde,
> Cherchaient un océan qu'il ne pût enjamber.

10 septembre. — A 6 heures à Ailly-le-Haut-Clocher. — Vieille auberge blanche vis-à-vis la poste. Le gîte paraît passable. C'est la fête du pays. Peu de choléra. Une paysanne met son corset devant ma fenêtre. Petite pluie. Les meuniers ont replié les toiles des ailes des moulins, signe de mauvais temps.

11 septembre. — Abbeville. — Pluie. Parti à 4 heures pour Saint-Valery-sur-Somme. Arrivé à 6 heures. Logé au *Père Adam*. Bon gîte.

Charmant trajet d'Abbeville à Saint-Valery-sur-Somme. Le soleil reparaît. Prés trempés et étincelants. Vaches et troupeaux dans les pâturages. Calme profond. Gouffre de lumière dans les nuages. A mi-chemin vieille maison presque enfouie dans des arbres immenses. Portes et volets clos.

Tout fermé excepté deux mansardes dont les vitres flamboient comme des yeux. A l'air d'un hibou dans son trou.

Mon cocher malade. A Ailly-le-Haut-Clocher, des ivrognes qui étaient dans l'auberge se sont réveillés au milieu de la nuit et l'ont fait lever. Ils se sont attablés en buvant et en chantant. Vers quatre heures du matin est passé un violon qui revenait d'Abbeville avec un hercule du nord. Ils ont arrêté le violon, l'ont fait boire, et le tapage a recommencé compliqué de musique. L'hercule se vantait de cogner deux hommes l'un contre l'autre. Un des ivrognes est venu tambouriner à la porte de ma chambre, voulant y entrer *en payant*, disait-il. Il est tombé devant le seuil et s'y est endormi. Tout ce vacarme a rendu mon cocher malade.

A mesure qu'on approche de la mer les prix baissent, le déjeuner coûte 45 sous à Compiègne, 35 sous à Amiens, 30 sous à Abbeville, 25 sous à Saint-Valery, le vin en sus.

Saint-Valery-sur-Somme est un des plus charmants lieux de la côte et ne le cède ni au Tréport, ni au Bourg-d'Ault, ni à Étretat. C'est ici que Guillaume de Normandie s'embarqua en 1066 sur une flottille de quatre cents voiles pour aller prendre l'Angleterre. Après les conquérants il y a eu les voleurs. J'ai traversé là-haut en arrivant un hameau appelé Pinchefalise. Lisez *pince-valise*. Sur la porte de l'église on lit ceci écrit à la craie : *Votons tous pour Louis-Napoléon Bonaparte.*

12 septembre. — Parti à une heure pour le Tréport. L'hôte du *Père Adam* est un alsacien compatriote du maréchal Ney sous lequel il a servi. Il s'appelle François Vidnsoller, on le nomme dans le pays M. François. Sa femme est anglaise.

Arrivé au Tréport à 6 heures. Descendu ou plutôt monté à l'*Hôtel de la ville de Calais*, le même où je logeai en 1835.

13 septembre. — Parti pour Dieppe à 3 h. 1/2. La mer était admirable au Tréport, la même mer que lorsque je la vis pour la première fois il y a quatorze ans : la mer moutonnante. *Immensi tremor oceani.* D'immenses panaches blancs jetés sur les flots. On a déplacé la croix de pierre. On a dressé une batterie côtière de cinq pièces de canon. Le vieux musoir a été refait. J'ai revu l'église. On l'a assez mal restaurée. Il n'y a plus d'ex-voto. Une glace sur le maître-autel. C'est la seule que j'aie jamais vue dans une église.

Une bourgeoise venue de Paris ne voulait pas laisser sa fille âgée de sept ans jouer en se baignant avec la fille d'un pêcheur âgée de cinq ans. Hélas ! où les petits enfants sont-ils égaux, si ce n'est devant l'océan et devant Dieu ?

Arrivé à Dieppe à 7 heures du soir. Hôtel du nord. Dîné et couché. (Force puces.)

15 septembre. — Revu Beauvais, inconnu et admirable.

16 septembre. — Parti à midi. Il y a à Beauvais une maison en charpente. Les intervalles remplis de faïences peintes et de poteries les plus curieuses du monde; lors du siège de la ville par Charles le Téméraire (1472) un boulet traversa les grandes verrières de la cathédrale et tomba aux pieds des chanoines. Le passage du boulet est marqué par des verres bleus. Un autre boulet en fonte s'incrusta dans le mur d'une vieille maison où il est encore visible. Entre Beauvais et Clermont, j'ai lu ce vers charbonné sur la porte d'une chaumière :

Guillot et son mulet, c'est la même personne.

A Clermont, l'église et la vieille porte de Nointel sont criblées des boulets et des mitrailles de Charles le Téméraire. J'y ai vu affiché pour le même dimanche soir 16 7bre, au profit des pauvres, *Napoléon II* ou *Les deux destinées,* scène par Victor Hugo, jouée par M. Gustave, amateur.

Une prisonnière se peignait et lissait ses cheveux derrière les barreaux de la prison. (Il y a à Clermont une maison centrale pour femmes.)

17 septembre. — Parti pour Saint-Leu à une heure 1/2 par le chemin de fer[1].

[1] La famille de Victor Hugo habitait alors Saint-Leu-Taverny.

1859.

EXCURSION A SERK[1].

L'île de Serk est en deux morceaux : le grand Serk et le petit Serk, et éveille l'idée d'une bête quelconque, d'une immense hydre de Théramène couchée sur le ventre et le mufle dans l'eau au milieu de la mer. Le grand Serk serait le corps, le petit Serk serait la tête; la Coupée, trait d'union du grand Serk et du petit Serk, serait le cou. Cou mince et tortueux comme une ondulation de ténia. Un sentier étroit, qu'un patagon couché en travers déborderait de la tête et des pieds, profondément encaissé çà et là, serpentant sur le haut de la Coupée, la ravine dans toute sa longueur et figure le creux de la nuque.

A droite et à gauche de ce sentier, l'abîme. La mer à quatre cents pieds de profondeur. A droite on voit Guernesey, à gauche Jersey. Du côté de Guernesey, la pente, quoique abrupte et assez féroce, est praticable en s'accrochant aux ronces; du côté de Jersey, chute à pic. Du côté de Guernesey, l'anse que forme le rétrécissement de l'isthme a une plage de sable, et, toute sauvage qu'elle est, l'aspect d'une petite baie; du côté de Jersey, c'est le fond d'un puits.

26 mai. — Nous débarquons à deux heures quarante minutes au havre Gosselin.

Un titan qui aurait coupé une pelletée de terre sur le bord de l'île de Serk y aurait laissé une entaille, à pic de trois côtés et du quatrième côté ouverte sur la mer. Cette entaille, c'est le havre Gosselin. Figurez-vous encore le dedans d'une gigantesque hotte de prison. A droite et à gauche deux murailles perpendiculaires, pour fond un plan légèrement incliné. Sur ce plan du fond serpente un sentier encombré de ronces et de pierres tranchantes et roulantes. C'est par là que nous montons. C'est âpre. Les gens

[1] De 1859 à 1869, Victor Hugo part toujours de Guernesey, où il a habité jusqu'à son retour en France, mais parfois il reste plusieurs jours à Bruxelles avant de se mettre en voyage.

du pays dédaignent cette escalade. Au moment où nous arrivons deux hommes descendent en courant le sommet déclive de la muraille de droite. Nous les suivons des yeux. Que vont-ils faire quand ils arriveront à l'escarpement? ils y arrivent. Le premier arrivé se baisse et nous apercevons une corde qui rampe d'anfractuosité en anfractuosité et pend jusqu'à une échelle de bois dont le pied se perd dans la mer. L'homme saisit la corde des deux mains, et descend rapidement en posant ses pieds sur les saillies du roc comme sur les marches d'un escalier. « Son camarade le suit. » Un moment après ils sont remontés par le même chemin. Ils étaient descendus pour tripoter quelque chose dans un bateau.

L'entrée du havre Gosselin est farouche. La mer est toute semée de blocs qui ont l'air de monstres buvant. L'îlot des marchands fait là un gros tas d'ombre.

Les deux murs verticaux du havre portent çà et là des espèces de consoles naturelles, rondes et à culs-de-lampe, qui ressemblent à des nids d'oiseaux. Des pâquerettes et des digitales pourprées penchent leur cou hors de ces encorbellements. Ce sont des nids de fleurs.

Tout en haut, le plus ravissant ravin du monde. Une mare. Des canards, des forêts vierges d'orties. Sous les arbres, un coin mystérieux où le vent a tracé parmi les hautes herbes je ne sais quel cercle qui figure vaguement la trace de la ronde des fées.

27 mai. — Dix heures du matin. A l'auberge Vaudin. — Il pleut. Nous sommes forcés d'ajourner nos excursions. Elle ne se rend pas tout de suite, cette île charmante. Elle pleurniche un peu à notre arrivée. Elle a l'air de dire : je ne veux pas qu'on me voie. Et puis voici un rayon de soleil qui perce la pluie chaude et fine. Un doux nenni avec un doux sourire.

30 mai. Sept heures du matin. — *A la Coupée.* Un abîme en trois précipices. Je m'accoude au balcon du gouffre. J'assiste au déjeuner des mouettes et au bain de mer des cormorans.

Entrée de *la Coupée.* Tranchée à vif dans le roc, deux murs de brèche rougeâtre. — Fleurs en été dans les fentes : marguerites, sainfoin, gazon de Mahon.

Dans l'escarpement, d'immenses ventres de granit rose ou noir, les uns gonflés, les autres rentrant, comme s'ils retenaient leur souffle, avec des trous de bêtes pour nombrils.

30 mai. 3 heures. — *Le Creux.* Cirque, murs à pic. Énorme fer à cheval de granit. Au bas des murailles, tout autour du Creux, des espèces de porches.

Goulet étroit d'un côté. Jetée cyclopéenne en pierres brunes reliée par seize poutres verticales que réunit au sommet une longue étrave de bois. — Cette jetée barre le port. Au fond, dix-sept pieux à cabestans. En avant de ces pieux, talus de roche. Pavage informe, couvert de barques échouées (en ce moment il y en a sept). A droite au fond, un des porches a été creusé jusqu'à percer le roc. On l'a voûté. C'est l'entrée de l'île. Je l'ai comparé à un trou de taupe.

Dans un coin une source muselée aujourd'hui d'un robinet où filtre goutte à goutte une eau, la meilleure de l'île.

Au fond, les rochers imitent des proues de navire engagées dans l'herbe et le lierre. Une en haut, énorme, l'autre en bas, moindre avec un rostre.

2 juin. — Vu le Gouliot, c'est-à-dire les caves près le havre Gosselin. — Vu la grotte que j'ai nommée grotte Charles.

Toute l'île est un miracle d'une lieue de long. Les souffles en s'épanouissant à la surface de la mer font de grands éventails de rides sur l'eau.

Les oiseaux de mer se plaignent sur des modes bizarres; les uns sifflent; les autres miaulent; d'autres font le bruit d'un homme qui crache.

7 juin, 1 heure et demie. — Tempête qui approche. Je suis sur le cap Dicart. Tout le ciel fond gris comme une grande ardoise. En travers, du sud au nord, un immense nuage blanchâtre transversal. Au point où il touche l'horizon, un vaste écrasement de vapeur rouge, sorte de lueur sinistre diffuse. La mer, autre ardoise énorme. De petits nuages noirs, près de terre, volent en sens contraire du grand, comme s'ils ne savaient que devenir. Les oiseaux se cachent. Feux de peloton dans la nuée.

Pas de vent, pas de vagues; pas une voile en mer. On sent de la trahison dans l'infini.

La mère Vaudin passe et me dit : Il y a une petite barque qui vient de partir pour Guernesey. C'est grande pitié.

Le nuage crève. De grandes araignées de pluie s'écrasent autour de moi sur le rocher.

1862.

TRÈVES. — COLOGNE.

30 juillet. — Arrivés à Bruxelles à 9 h. 1/2 du soir. Descendus chez M. Lacroix, 3, impasse du Parc, rue Royale.

Vendredi 1er août. — Charles et Meurice sont arrivés. Ils m'ont lu leur premier acte(1).

3 août. — Loué à l'Hôtel des Postes, à Dinant, une voiture à deux chevaux à raison de 25 francs par jour, tous frais compris, plus 1 fr. 50 de pourboire au cocher. Payé 15 jours d'avance : 375 francs. Partis à midi 1/2.

Grotte de Han. Entrés dans la grotte à 5 h.; sortis à 7.

Écrit sur mon exemplaire de la grotte de Han (d'Islande).

En déjeunant à Dinant
Un jour de pluie et de crotte,
J'ai baptisé cette grotte
En badinant à Dinant.

6 août. — Arrivés à 7 h. 1/2 à Vianden. — Ruine admirable. Dîné, couché, déjeuné à l'hôtel de Luxembourg. — Visité la ruine de Vianden. Splendide. — Stupide roi Guillaume Ier.

Partis à 4 h. pour Echternach. — Mauvais chemins. Pluie. Deux lieues à pied. — Routes effondrées. — Poteaux des routes vaguement lus au clair de lune. Chemin perdu. — Arrivée à Echternach à 1 h. 1/2 du matin. — Réveillé l'Hôtel du Cerf. Soupé. Couché à 3 heures.

8 août. — Déjeuné à l'Hôtel du Cerf. — Visite au couvent et à l'église romane en ruines. — Partis à 3 h. — Vu à Igel le magnifique et étrange monument romain. — Arrivés à Trèves à 7 h. 1/2.

(1) Du drame tiré des *Misérables.*

IMPRIMERIE NATIONALE.

9 août. — Vu la Porte-Noire (hier à la nuit. Aujourd'hui au jour). — Vu les bains. — L'amphithéâtre. — Le palais électoral (aujourd'hui caserne). Admirable escalier rococo que va démolir l'architecte de la ville appelé Schmidt.

Vu Notre-Dame. Vu le Dôme. Un prêtre est venu nous prier de sortir (à cause des confessionnaux) avec un sourire gracieux. On n'est pas plus poliment impoli. — Nous faisons un jour de séjour à Trèves. — Nous n'avons pu voir la bibliothèque qui n'est ouverte que le lundi. — Trois charmantes fontaines.

10 août. — Partis de Trèves à midi. Arrivés à 7 h. 1/2 à Berncastel. — Vu le schloss avec Paul Meurice.

11 août. — Arrivés à 7 h. du soir à Cochem. — Vu Bremm et Ediger, villages du 13e siècle conservés.

12 août. — Partis de Cochem à midi. — Vu le Ehrenburg et le burg de Zorn, le chevalier voleur.

13 août. — Partis à 10 h. — Revu Andernach après 22 ans.

15 août. — Partis à midi pour Cologne. — Revu Cologne. Le vieil aspect a presque disparu.

Mauvaise nouvelle. Le drame *les Misérables* est interdit. — Charles me quitte demain.

16 août. — Charles et Meurice nous ont quittés à 2 h. 1/4 à Kœnigsdorf.

Repartis pour Juliers. Arrivés à Juliers à 7 h. Pluie. Kermesse. Beau pan de mur de la renaissance, brique et grès rouge.

19 août. — Vu Verviers. Zéro. — Revu en sortant de Verviers le marmot de cinq ans fumant une grande pipe que j'avais constaté il y a vingt-deux ans.

Partis de Verviers à midi pour Stavelot. — Beaux lointains. — Superbe village.

20 août. — Partis de Stavelot à 11 h. 1/2. Arrivés à Laroche à 7 h. du s.

Laroche. — Ruines du château.

22 août. — Arrivés à Dinant, hôtel des Postes, à 6 h. du soir.

Étant content de Baptiste, je lui donne 50 fr. de pour boire au lieu des 30 convenus.

Il est convenu que le maître de l'Hôtel des Postes me loue une voiture à soufflet à quatre roues et à un cheval (pour le voyage de Bouillon et Luxembourg) à raison de 18 fr. par jour, tous frais compris.

26 août. — Partis d'Arlon pour La Rochette à midi. Vu le château. Le château est merveilleux. Il y a un puits extraordinaire.

30 août. — *Bouillon.* Vu le château, à moitié taillé dans le roc. — Les cachots — l'oubliette — les deux niches — chaises taillées dans le roc. —

Le puits 187 pieds de profondeur. — Effet prodigieux d'une pierre qui tombe. Un caillou produit le tonnerre.

4 septembre. — *Villers.* Vu les cachots de l'abbaye sur la Dyle; la boîte de pierre à mettre les hommes n'y est plus. Les débris des dalles plates encombrent l'angle à gauche du 4e cachot où elle était. M. Dumont, questionné par moi, me dit que des ouvriers (?) inconnus ont brisé cette chose au mois de mars dernier. Ne serait-ce pas plutôt au mois de juin? *La chose* était dénoncée dans *les Misérables.* Il était bon de la faire disparaître.

1863.

LES BORDS DU RHIN.

17 août. — Partis pour Douvres à 7 h. 1/2 du matin.

Château de Douvres.

La falaise anglaise, vue à une lieue en mer, ressemble à un drap blanc étendu sur une corde. Cette falaise fait des plis de linge.

19 août. — *Dinant.* Nous ne commencerons le voyage que demain avec la voiture et Baptiste. Aujourd'hui nous faisons une promenade à Poilvache et à Montaigle. — Partis à 1 h. 1/2 pour Montaigle. Traversé Cœurcœur. A 3 heures à Montaigle. Pluie battante. Admirable ruine. Puits avec un écho extraordinaire, net et précis comme la voix; cet écho rit. C'est comique et sinistre. Je lui ai crié : Y a-t-il là quelqu'un? — Quelqu'un, a répondu l'écho. — C'est inouï. — Oui.

Puis nous avons ri, et l'écho aussi.

21 août. — *Bouillon.* Revu le château. — Dans la charpente de la salle d'armes, deux poutres éraflées par un boulet prussien de 1815.

Château de Bouillon.

23 août. — *Mersch.* Dans la salle de l'auberge où nous nous arrêtons vers 2 heures il y a cette affiche :

SALLE DU CERCLE.

EXPOSITION DE PEINTURE.

ÉTUDES CARACTÉRISTIQUES

DES

MISÉRABLES.

Entrée de 10 à 12 h. et de 1 à 5 h. du soir.

PRIX D'ENTRÉE : 1 FRANC.

A la Rochette à 4 heures. — Revu la ruine. Après le dîner, sérénade. J'ai remercié. J'ai dit en finissant : *Je fais des vœux pour que le jour arrive où la musique régnera sur les âmes et l'harmonie entre les peuples.*

24 août. — Revu Luxembourg. Décidément très curieux et très beau. — Charmante église avec des magnificences de la deuxième renaissance.

— Admirable vue du haut Pont. — Le soir, au clair de lune, plus beau encore.

26 août. — Vu la cathédrale de Trèves, les tombeaux des archevêques. — Admirable. (*Joannes Hugo, gratia Dei archiepiscopus Trevirensis, princeps elector. 1692.*)

28 août. — *Carden.* Arrêté une voiture pour Elz[1]. A 2 heures partis pour le château d'Elz. Bons chevaux vifs et gais. Voiture découverte et peu suspendue. Cocher tout à fait prussien. Montée très rude. Dix-huit ou dix-neuf coudes fort cassés et fort brusques. Les voitures à bœufs ne se dérangent pas. On rase de près un fort abîme. Nous arrivons en haut. Court plateau vite traversé. Nous voici à une ferme close d'une porte rouge. Descente de voiture. Prise d'un sentier. Magnifique horizon démasqué au tournant de la ferme. Cinq ou six lieues à perte de vue. Vallée pleine de forêts avec rivière enfonçant ses zigzags dans les collines. Deux burgs se faisant écho. L'un, tour carrée, à une demi-lieue, l'autre, tour ronde, à trois lieues. En bas forêt profonde. Nous nous y dirigeons. Notre prussien court après nous. Il nous met dans la route vraie. Sentier tortueux dans le bois, déjà couvert d'une épaisseur de feuilles sèches. Demi-heure de marche sous les branches.

Tout à coup, une rivière-ruisseau, un pont de bois semblable à une longue charrette étroite avec ses ridelles posée en travers d'une rive à l'autre. Ce pont aboutit à un roide escalier de six marches un peu baigné par les remous de l'eau. Nous levons les yeux. Clairière dans les arbres. Par cette clairière, sorte d'immense fenêtre de la forêt, apparaît le burg. Haut, énorme, étrange, sinistre. Je n'ai rien vu encore de pareil. On dirait un tas de hautes maisons à pignons roulées tumultueusement autour d'une cime. Clochetons, gloriettes, tourelles, moucharabis, lanternes, mâchicoulis, espions, vedettes, renflements d'architectures à fenestrage portés sur des encorbellements. Rocher à pic. Çà et là, autour du rocher, des groupes de tours serrés contre le château et défendant la montée. Portes-ogives de distance en distance avec herses et sarrasines. Escalier de lave usé et glissant. Nous montons.

Nous arrivons à une plateforme étroite avec parapet sur le précipice. Au haut de quelques marches brisées, la porte massive en chêne brut avec marteau de fer gros comme un battant de cloche. Notre guide frappe. Pour toute réponse, aboiements furieux. Tout le château semble entrer en colère

[1] Un accident était survenu à la voiture louée à Dinant par Victor Hugo.

et n'être plus qu'un dogue énorme jappant contre nous. Aucun bruit humain. Personne ne vient. Nous frappons. Les chiens aboient. Personne.

Charles et Busquet vont à la découverte. Je reste seul et je dessine une tour. Une demi-heure passe. Un homme arrive avec un chien et un fusil, puis une femme. L'homme me regarde, le chien me flaire, la femme m'observe, le fusil reste tranquille. Tout cela est sauvage. Je me fais comprendre par signes. On va chercher les clefs. Charles et Busquet reviennent. L'homme s'en va. La femme ouvre la porte. Nous entrons.

L'escalier continue. Sorte de guichet de prison. Nous passons une seconde porte. Une cour étroite apparaît. Extraordinaire. Tours et pignons à perte de vue. Lourdeurs du douzième siècle, délicatesses du seizième. Fenêtres à barreaux énormes, d'autres avec des ferrures de la renaissance. Abside de chapelle gothique à vitraux. Au fond une tour carrée croulante. Deux chiens à la chaîne hurlent vis-à-vis l'un de l'autre. Sur le mur en face, cinq ou six orfraies clouées.

Intérieur : une salle Louis XIII d'abord. Cheminée de pierre peinte et dorée, massive, charmante, écussonnée et blasonnée, haute jusqu'au plafond, portée par deux cariatides habillées, homme et femme. Plafond d'accord à médaillons. Puis force salles gothiques, lits à colonnes, tapisseries exquises, miroirs, bahuts, armes, un lit burgauté d'un travail merveilleux. Une rampe formée d'un grand massacre de cerf dix cors d'où sort une sirène dorée et peinte avec le blason d'Elz sur le ventre. Un miroir et un bahut Louis XIV marqueterie et or d'un inattendu superbe. Tout est blanchi à la chaux. Misère et faste. On ne voit pas la vingtième partie du château.

31 août. — Oberwesel vu en détail. Très belle vieille ville. Le pendant curieux d'Andernach. Y compris la tour ronde portant une tour octogone. Deux églises romanes. Tombeaux. Cinq triptyques très précieux dans la plus grande. Splendide triptyque sur le maître autel.

Pauvre petite fauvette demi-morte trouvée dans l'herbe, meurtrie par quelque accident, réchauffée et sauvée. Elle s'envole.

Vu le Pfalz. Un batelier nous y mène. Intérieur dévasté et lugubre. Un donjon entouré d'une cour profonde à galeries de bois. Piliers en grès rouge du 14e siècle. Vieilles ferrailles à terre qui ont l'air d'instruments de torture. Donjon. Spirale escarpée. Oubliette horrible dans le genre de celle de Bouillon (un cachot-tombe avec une trappe dans la voûte qui se ferme). Nulle trace de la fameuse chambre où la comtesse palatine du Rhin faisait ses couches.

Arrivés à Bacharach à 5 heures. Bacharach moins gâté que Saint-Goar.

Encore très admirable. Pourtant il ne reste plus qu'une des vieilles maisons de la place de l'église. L'avant-dernière est en train de tomber. Il reste de la démolition qu'on semble faire avec joie une encoignure de grès rouge à figures, très belle.

Je monte à la nef ruinée. Absolument dans l'état où je l'ai vue la première fois.

1er septembre. — *Bingen.* La tour des rats bêtement refaite à neuf. Méconnaissable. Bingen pavoisé. Le défilé des princes revenant du conciliabule de Francfort produit ces drapeaux aux fenêtres.

Arrivés à 6 heures à Mayence. — Vu le Muséum dans le palais renaissance des électeurs. Admirable Jordaens, *Jésus enseignant les docteurs.* Admirable Dominiquin, *La mort de St-Joseph.* Autres beaux tableaux. Un Murillo.

Mayence, comme le reste du Rhin, est anglaisé et gâté.

4 septembre. — *Heidelberg.* Revu à 2 heures le château. N'a presque rien perdu; toujours splendide. Pourtant il ne reste plus qu'une tonne du 16e siècle. A notamment disparu celle où étaient les coups de hache des sapeurs de mon oncle.

5 septembre. — Excursion à Neckarsteinach. Revu le Schwalbennest et les autres ruines. Tout est restauré et anglaisé. Nous montons à un village en haut de la colline au delà du Neckar; nous passons le Neckar dans une pirogue à voiles. Montée âpre. Étrange hameau perché. Entrée de ville forte. Énorme tilleul centenaire. Vu le Schloss. Belle ruine, 12e, 16e, 17e siècles. Gros boulets de pierre. Je monte sur la tour octogone. Charles a le vertige et ne m'accompagne pas. Vue admirable de là-haut. Deux auberges dans ce cul-de-sac.

6 septembre. — *Durkheim.* Là, en dînant, idée du *Rhin* complété, vendu par livraisons sur le Rhin même.

8 septembre. — *Durlach.* Vu la ville. L'ancien château remplacé par une grande chose blanche et bête. L'ancien hôtel de ville de la Renaissance remplacé (en 1845) par une bâtisse lourde, bâtarde, inepte, qui a coûté 200,000 francs. Il reste du château un ravissant écusson à triple compartiment, du 16e siècle, et de l'hôtel de ville, rien. Le nouvel hôtel de ville est, disent-ils, d'un *genre plus ancien* que n'était le précédent. C'est donc par amour de la vieille architecture qu'ils détruisent les vieux monuments.

Jolie maison rococo à tourelle, vis-à-vis l'hôtel de ville.

9 septembre. — Rastadt est une ville rococo peinte en rose, célèbre par l'assassinat des plénipotentiaires français en 1799. Visité le château. Dévastation et pillage. On a crié pour le château de Neuilly saccagé par une colère du peuple; on ne dit rien du palais de Rastadt pillé par un prince. Propriété d'un peuple construite par l'histoire et pour l'histoire, démolie et confisquée par un individu.

Les trophées de la guerre contre les turcs ont disparu. Où sont-ils? Salle du prince Eugène et du maréchal de Villars démantelée. Chambre à coucher de Napoléon et de Marie-Louise dévastée.

Admirable vestibule rococo qui sert de hangar et où l'on décharge un fourgon de déménagement.

Grande place, fontaine. Médaillon rococo farce et ressemblant d'un Géronte en cuirasse; au bas ceci : *Divo Bernardo,* etc. — Ce divin Bernard était un marquis de Bade vers Louis XV. Il est contrebuté dans la divinité par deux dauphins.

Tremblement de terre qui devait avoir lieu dans le marquisat de Bade en 1770, et qui a été décommandé par Saint-Alexis. Le marquis de Bade a récompensé ce saint par une fontaine.

10 septembre. — *Bühl.* Vu la petite ville. Très jolie. Vieille, avec maisons de bois à galerie. Une rivière de montagne la traverse. Chaque jardin a son pont. L'ancienne église est gâtée; élégante chapelle rococo. Le clocher est assez réussi. Quant à la ruine du château de Vindulk, elle semble restaurée et ne vaut pas la course. Une lieue en montant.

11 septembre. — *La Favorite.* Charmant palais rocaille. Chef-d'œuvre du fantasque et du charmant. Mauvais goût divin. Salle à manger tapissée de faïence. Salon de jais. Deux chambres à coucher; l'une (le margrave) en tapisserie au petit point, don de Louis XIV; l'autre (la margrave) en satin fond jaune, dessin oreille d'ours, bandes alternées.

12 septembre. — *Lichtenthal.* Vu le burg. Puis le chaos de rochers de la montagne. La crypte du burg est murée depuis peu, le mur est tout neuf. Il y a une consigne pour cacher partout les oubliettes.

13 septembre. — *Eberstein.* Magnifique paysage de montagnes. Arrivés à Eberstein, impossible de le voir, le grand duc y est. Un gros dogue noir féroce qui vous chasse et cherche à mordre le représente dans la cour. Le château est stupidement abâtardi et restauré. Il n'en reste qu'un beau sanglier en granit.

Les tyroliens. Chants exquis, beaux costumes. Beau soleil; admirable décor de montagnes à cette musique. — Une table de parisiens; accompagnement de fourchettes. Quinze femmes, toutes laides, quinze hommes, tous bêtes.

16 septembre. — *Landau.* Restes d'une belle vieille ville, quoique dévastée, saccagée par vingt sièges, vaubanisée, et ornée par Louis XIV d'un soleil.

17 septembre. — Vallée d'Antweiler (Vosges bavaroises). Constructions extraordinaires du grès. Des burgs géants avec leurs tours, des murailles inexprimables, qui semblent bâties par et pour des Polyphèmes, des cirques cyclopéens, des édifices fantômes, toute une féodalité de forteresses pour des titans. Puis des tumulus pour Micromégas ou Gargantua, ou Goliath. Puis une roche percée portant une pierre branlante avec un grand arbre dessus. Le tout a 60 pieds de haut (sans l'arbre). Après l'imitation des monuments féodaux, l'imitation des monuments celtiques.

Arrivés à 6 h. 1/2 à Pirmasens.

Comme l'histoire est lente à venir! Il y a cent ans, Louis IX, landgrave de Hesse, espèce de jocrisse féroce bardé sur le ventre de deux grands cordons, l'un bleu, l'autre rouge, bêtement croisés, a ravagé, incendié, pillé et violé Pirmasens. Allez à Pirmasens, et au *Zum-Lamm*, la meilleure auberge de la ville, vous verrez après un siècle le portrait de Louis IX orné de fleurs.

19 septembre. — Vu Sarrebrück. Jolie fontaine rococo sur la place. Les quatre ou cinq clochers bulbeux de la ville répètent à peu près le même pot à l'eau. Une jolie porte cochère Louis XVI. Un beau vieux hôtel Louis XV, très noir et très fruste. Tombeaux des ducs de Sarrebrück-Nassau dans l'église du château. Beaux et fiers sépulcres. Le château a été détruit en 1793 dans les guerres de France contre l'Europe.

21 septembre. — *Merzig.* Vu l'église; romane; restaurée et abâtardie en 1725. Abside du 11e siècle. Ordre de cintres à tores sculptés sur des colonnettes romanes à chapiteaux variés. Quatre beaux chapiteaux aux piliers de l'église. Riches détails byzantins. Dehors de l'église encore très beau. Abside à trilobes sur piliers romans. L'intérieur est grotesquement badigeonné de blanc et de bleu. L'église évidemment est condamnée et sera bientôt remplacée par une basilica quelconque. Avant deux ans elle aura disparu. Nous avons remarqué une fosse pleine d'eau qui affouille les fondations et qui est entretenue avec soin dans le béton.

Freudenburg. Village sur une arête de rochers. Tours, ogives; belle ruine à trois pignons à l'extrémité du promontoire sur la vallée.

C'est jour de foire. Bestiaux, bœufs, paysans, boutiques. Ce brouhaha effraye nos chevaux à l'entrée du village au point déclive de la route. Ils reculent, se cabrent, la voiture roule en arrière à deux doigts du précipice. Les paysans se jettent à la tête des chevaux et les arrêtent.

Sarreburg. Ville admirablement située. Église curieuse, ruine magnifique; nous nous y arrêtons. Avant le dîner nous allons voir l'église. Du 13e siècle; bien réparée. Le portail neuf est beau, d'un grand style, et prouve un architecte de talent. Beaux tombeaux-appliques, dans l'église Renaissance et Henri IV, des anciens seigneurs de la ville dont un prend la qualité de conseiller du très haut prince de Trèves. *Celsissimi principis Trevirorum.*

En sortant de l'église, admirable ravin. Violente cascade de la Leuss qui y tombe de 60 pieds de haut entre des maisons toutes de travers très magnifiquement. Cela est charmant et furieux. La Leuss grossie par l'averse est jaune d'ocre. Cette énorme chevelure rousse tombe dans les rochers et se soulève comme gonflée par un ouragan qui sort de dessous terre. Beaucoup de belles vieilles masures.

Pendant le dîner l'hôte entre et m'apprend que les journaux annoncent mon arrivée à Trèves pour demain. Nous tenons conseil pour déjouer cette attente.

22 septembre. — Partis pour Freudenburg et Klef d'où l'on voit la ruine de Montclair. Nous allons à la ruine. Accès difficile ; la masure est admirable ; le vieux schloss du 14e siècle. Restes de cheminées avec leurs chambranles. Portes et fenêtres ogives à tympans trilobés. Le village est étrange, presque sauvage et digne de la ruine. L'église neuve et bête.

A 5 h. 1/2 à Klef. Admirable vue. La Sarre vient et s'en va dans un magnifique encaissement de collines boisées, et fait dans la montagne un 8 gigantesque. Sur la crête du centre dans la forêt se dresse la ruine du burg de Montclair démoli en 1350 par Baudoin, archevêque de Trèves. Les bateaux rampent au fond du gouffre sur le serpent de la Sarre. On a fait là un look-out pour le roi de Prusse qui y est venu, avec table ronde en mosaïque. Inscriptions républicaines sur le mur. Je remarque celle-ci : *Solidarité des peuples et communion des idées. Glatigny.*

25 septembre. — *Vianden.* Revisité la ruine. Curieuses pages, sur le registre des voyageurs, qui me concernent. L'architecte qui a défiguré la chapelle romane est changé ; j'y suis pour quelque chose, à ce qu'il paraît.

Après le dîner, musique subite dans la rue. On ouvre les fenêtres, c'est une sérénade. Vingt musiciens avec un drapeau. Très belle musique. Le président de la société chorale m'adresse une allocution, j'y réponds. Hurrahs. Tout cela est imprévu, spontané et charmant. Les musiciens sont en blouse, ils sortent du travail. Il y a huit chandelles de suif pour éclairer leurs pauvres pupitres. Foule dans la rue. Puis le silence s'est fait, et je suis monté solitairement sur la montagne. Lune voilée. Mélancolique aspect des vallées où rampe une rivière de brouillard. Le spectre de la ruine debout dans cette ombre. Les chats-huants crient : hou ! hou ! hou !

26 septembre. — Excursion à pied à Falkenstein. Pluie battante, puis chaud soleil. Paysages splendides. Nous passons la rivière, fort grossie par les averses, sur un pont de nattes qu'on ôte l'hiver. A 2 heures au château. Lieu sauvage. Une tour et un pont en ruine sur une croupe de bruyères. Hautes collines tout autour.

Un chariot à bœufs descend le chemin creux. Le burg est farouche, il est désert. Au-dessous du burg petite maison pauvre où demeure la veuve du dernier baron. Il n'y a plus de cette famille sur ce mont que la veuve et le cimetière. Dans ce cimetière, quelques croix. Les pierres tombales ont disparu. Nous n'entrons pas dans la ruine à cause de l'orage et de l'averse. Les hautes herbes et les broussailles sont impraticables. Nous sommes trempés. Au moment où nous arrivons, deux grands coups de foudre coup sur coup. Immense écho dans la montagne. Après cette salve, le silence se fait. Le canonnier du tonnerre s'en est allé. Je dessine la ruine.

27 septembre. — *Clervaux.* Revisité le château. La cheminée de pierre du salon, le curieux billard Louis XV, la grande horloge Louis XIV, la boiserie de la chapelle, les chambres meublées sous le Directoire. — Des madame Récamier jouant du *forte* devant des paysages gris. La tour des archives, fermée. Ils font bien, cachez vos crimes. — Revu le soir le château du dehors à la pleine lune.

Le château de Clervaux appartenait aux comtes de Lannoy. Un Lannoy a reçu l'épée de François Ier à Pavie. Le dernier comte est mort vieux il y a huit ans. Au dire des habitants de Clairvaux, son fils s'étant marié *hors de la noblesse,* il l'a déshérité et laissé tout au comte de Tornaco. De là, procès à la mort du comte de Lannoy. Les tribunaux luxembourgeois ont sanctionné cette exhérédation stupide. Le château aujourd'hui est aux Tornaco.

1864.

SUR LE RHIN ET EN BELGIQUE.

15 août. — Nous partons aujourd'hui lundi par Southampton par le *Normandy* à 9 h. 1/2. Nous passons très près d'Aurigny. Les rochers et les falaises de la côte sud sont superbes. On n'en parle jamais. Cela vaut presque Serk. Beau temps. Vent nord-est. Tangage.

Nous arrivons à Southampton à 7 heures du soir.

17 août. — Partis pour Bruxelles par Douvres et Ostende à 7 h. 30 du matin. Vu en passant Chatham. Il faudra le revoir. Magnifique ruine d'un donjon.

J'ai cette nuit, en dormant, fait sur Franklin ce vers :

Alter Prometheus direpto fulmine magnus.

Arrivés à 9 heures à Douvres. — Partis à 9 h. 1/2 pour Ostende par *le Rubis,* steamer belge.

Vent debout. Bon temps du reste. Mer très belle. — Passe un steamer à hélice, ayant sa voilure à l'avant et sa machine et sa cheminée à l'arrière. Ainsi :

21 août. — *Dinant.* Nous partons aujourd'hui avec Victor. Charles nous rejoindra en route. Loué une voiture moyennant 25 francs par jour. Nous partons à midi pour Bouillon par Beauraing. Passé à Beauraing sans arrêter. Arrivés à Bouillon à 8 heures du soir.

22 août. — J'ai averti les ouvriers qui creusent une conduite d'eau dans la rue pour qu'on y mette un lampion la nuit. Notre voiture hier soir en arrivant a failli tomber dans un trou de dix pieds de profondeur devant la porte de l'auberge.

Visité le château de Bouillon (avec Victor). Deux voyageurs demandent à nous accompagner. (Un propriétaire du pays, et le premier président de la cour d'appel de Liège.)

23 août. — Vu avec Victor l'abbaye d'Orval.

Arrivés à Arlon à 7 heures du soir. Pas de place. Logés dans les moulins. On se ravise. On se gêne, on nous loge à l'*hôtel de l'Europe*. Pluie à torrents.

25 août. — *Luxembourg.* Revu la ville, les fossés, les ponts, l'église Notre-Dame, la *Maison liée* à cause des lacs et des entrelacs sculptés dans les panneaux de la façade. L'encoignure romaine d'une rue près de la caserne. Vu le champ de foire.

26 août. — Partis à 11 h. 1/2 pour Trèves. Arrivés à 6 heures. Vu avec Victor les églises, les fontaines, le palais électoral, l'escalier rococo que j'ai sauvé, les ruines des bains romains, le cirque et la porte noire.

30 août. — Partis à midi pour Kapellen. Passé le bac à Acham. D'Acham à Dieblich route exécrable en construction indéfiniment depuis trois ans. A 6 heures à Kapellen.

Visité le Stolzenfelz restauré. Grand Rozel-Manor. — Restauration inepte, décor de Bobino payé plusieurs millions. Chambre en acajou du roi et de la reine. Boiserie *gothique* troubadour peinte en jaune d'œuf avec filet rouge. Du reste quelques meubles magnifiques, belle collection de *vider-come* et de grès. Beaux tableaux de l'école gothique allemande. Fresques modernes médiocres. Superbe fauteuil en chêne sculpté de l'empereur d'Allemagne. (Probablement Mathias.) — Admirable cheminée en pierre du seizième siècle du palais des électeurs de Cologne. Sur le retable, la légende de Curtius. Cette cheminée est dans un grand vestibule bête. Très beaux et très rares vitraux. — Pantoufles obligatoires comme pour les mosquées. — Ensemble farce.

31 août. — Saint-Goar. Dessiné le Rhinfels[1].

1er septembre. — Partis à midi pour Bacharach. Dessiné le clocher.

3 septembre. — Francfort-sur-le-Mein. Deux pièces en batterie sur la grande place. Ville libre. Liberté ornée de deux canons, l'un prussien, l'autre autrichien.

4 septembre. — Vu le Rœmer. Le Rœmer défiguré. La grande salle barbouillée de peintures quelconques. Empereurs médiocres. La salle des électeurs prise par le sénat bourgeois de Francfort. La table et les fauteuils des neuf électeurs ont disparu. On ne sait où est ce bric-à-brac.

La place encombrée de baraques de la foire. Les deux fontaines revêtues de carapaces de planches.

Partis à 2 heures pour Darmstadt. Nous arrivons à 6 heures. Nous errons d'hôtel en hôtel. Tout est plein.

L'impératrice de Russie est arrivée aujourd'hui. L'empereur arrive demain.

Darmstadt. Ville remarquable par l'arrivée de l'empereur de Russie et par deux pauvres petits veaux attachés sur l'impériale d'un coche au-dessous de ma fenêtre.

6 septembre. — Revu Heidelberg. Toujours admirable. Musée spectacle. Visite au Gros tonneau.

A 7 h. 1/2 du soir, illumination du Schloss. Incendie du Palatinat. Turenne *redivivus*. Effet de Louis XIV. Le château, rouge et sombre, avait l'air d'être en flammes.

[1] Voir page 563.

IMPRIMERIE NATIONALE.

9 septembre. — *Bade.* Revu le burg. — Le Falsenbruckke. — Les rochers.

A trois heures à *la Favorite.* Revu *la Favorite* et l'ermitage de Sybille.

10 septembre. — Visite à Eberstein. Restauration grotesque : Bourgeoisisme princier, acajou. Vitraux admirables encadrés dans des bordures du café turc. Ensemble grotesque.

Retour à l'*Ours.*

Le roi de Prusse et sa femme sont venus ce matin déjeuner d'un œuf et d'une tasse de thé à l'*Ours;* la reine, vue de dos, chapeau Paméla, manteau de drap gris bordé de moire bleue. Le roi vu de profil, chapeau rond, cravate noire militaire, redingote longue bourgeoise, pantalon gris, favoris gris, cheveux gris. Air d'un caporal et d'un maréchal. Gros rire.

11 septembre. — Visite à la cascade la Geroldsau.

12 septembre. — Méry. Hetzel l'avait invité à déjeuner sans lui rien dire. Je suis entré. Il a pleuré de me voir. Nous passons la journée ensemble.

Nous sommes allés avec Méry à Rastadt. Il nous a montré la place où les plénipotentiaires français ont été assassinés à la sortie du bois.

Nous avons revu la dévastation du château. Méry m'a montré sur un panneau de boiserie la tache d'encre historique (de Villars, selon les uns; de Bonaparte selon les autres).

Nous avons visité la chapelle de la margrave sybille. Autre dévastation. Méry croit apocryphe la légende de l'oratoire près *la Favorite.*

Le concierge de la chapelle a refusé le florin que je lui offrais, premier exemple d'un refus de pourboire dans ce pays.

Retour à Bade à 4 heures.

13 septembre. — Promenade à Steinbach, par la montagne. Retour par la plaine. — Méry a dîné avec nous.

14 septembre. — *Carlsrühe.* Vu le château. Dépouilles de Rastadt. Belles tapisseries. Admirables armoires Burgau. Salle du trône *empire,* tenture velours rouge à fleurs d'or donnée par Napoléon à la grande-duchesse Stéphanie. Magnifique salle des États. (Louis XV.) — Salle du margrave Ludwig, le vainqueur des turcs. Choses prises sur les turcs. Tombeau turc curieux.

Le soir, vu au clair de lune le parc; très beau; charmante fontaine rococo. L'homme dompte le cheval (marin), la femme le dragon.

15 septembre. — Partis à 1 heure pour Manheim. Promenade au clair de lune au bord du Rhin.

17 septembre. — *Mayence.* Visite au musée. Revu le Jordaëns et le Dominiquin.

Vu la bibliothèque. Première bible imprimée par Gutenberg. Pièce de 5 francs à l'effigie de Henri V (duc de Bordeaux) roi de France. — Mille volumes d'*incunables.* Collection complète des Bollandistes. — Le squelette romain qui a une pièce d'or dans les dents.

18 septembre. — Partis pour Wiesbade. — Insignifiant. *La Platte,* château de 1511 selon les uns, de 1624 selon les autres. Il n'en reste absolument rien. Le duc actuel de Nassau l'a fait rebâtir en guinguette de la barrière Fontainebleau. Bête, blanc, laid, deux cerfs de bronze à la porte, qui devraient être en carton.

Vue magnifique. Le Rhin. Mayence. Le Taunus. Les Vosges.

Revenus de Wiesbade à 6 heures. Vu la cathédrale de Mayence, l'intérieur, au crépuscule. Les vitraux fantômes, les statues spectres. Sublime.

Le palais de l'archevêque de Mayence est surmonté du dieu Mars et tout sculpté de casques, de canons et de glaives, le palais de l'archevêque de Trêves plein d'amours, de nymphes et de gorges nues.

19 septembre. — Partis à midi pour Rudesheim[1]; station à Hattenheim. Revu Rudesheim après vingt-quatre ans. Donjon romain, puis roman, puis gothique, admirable.

La vieille comtesse Ingelhem, ruine, habite cette ruine.

(1) Voir page 565.

20 septembre. — A 1 heure à Bingen, revu Bacharach. — Oberwesel. — Saint-Goar. — A 6 heures à Boppart. Des troupes partout. Auberges encom-

brées. Nous descendons au *Rheinischer-Hof.* — Pas de chambre. Logés chez des voisins. Ma chambre, toute petite, mitoyenne aux latrines, avec une fenêtre sur un égout. Toute la nuit cavalerie de rats au-dessus de ma tête. Au mur une gravure représentant une jeune fille respirant une rose.

21 septembre. — Visité l'église gothique. Belle boiserie du 15ème siècle au chœur. Beaux tombeaux des sires d'Ems.

Andernach. Il y a dans la chambre de Victor des vers de moi traduits en allemand.

22 septembre. — Partis à midi pour Rolandseck. En route une idée nous vient. Allons au lac dans la montagne[1]. Nous nous détournons. Route pittoresque. Ruisseau. Tufs étranges. Ruines d'une abbaye. Montagnes faites des tas de cendre des anciens volcans. Nous arrivons au lac à 3 h. 1/2.

Visite à l'église romane. Porche-cloître magnifique. Très beau tombeau du premier comte palatin Henri II. Tombeau gothique. Pinacle roman. Crypte. Pierres tombales curieuses. Beau jardin sur le lac. Jésuites partout. Charmant pavillon Louis XV.

(1) A Laach.

24 septembre. — *Cologne.* Promenade le soir sur le pont de bateaux. Vu la cathédrale. Mal continuée. Il faudra cinquante ans pour l'achever. D'ici là on se ravisera. Beaux vitraux anciens. Les vitraux modernes donnés par Louis Ier, roi de Bavière, inférieurs. Admirable retable gothique flamboyant (Charles VIII) représentant la Passion. Vu deux autres églises curieuses. Magnifique chaire jésuite.

26 septembre. — Partis à 1 heure pour Aix-la-Chapelle. Station à Mérode. Magnifique carcasse de château du 16e siècle. Habitable. Indigence intérieure. Délabrement. Portraits. Trois grosses tours. Deux à toits bulbeux. Deux pignons. Fossés pleins d'eau. Curieux portrait d'un Mérode debout près de l'empereur Charles VI assis (1736)[1].

Arrivés à Aix-la-Chapelle à 5 h. 3/4.

27 septembre. — Revu après vingt-quatre ans la Chapelle et le Hochmunster. Le trésor. Reliquaire des grandes reliques. Cercueil de vermeil où est le squelette de Charlemagne. Son crâne. Son bras. — Quatre panneaux d'Albert Dürer. — Le sarcophage d'Auguste. La chaire où Saint-Bernard a prêché. La chaise de marbre où Charlemagne mort était assis. Sa couronne (trop grande pour une tête humaine); son sceptre, bâton d'argent creux surmonté d'une petite colombe d'or.

(Nous n'avons plus de monnaie. Le suisse s'en va, nous tournant le dos. Je le rappelle. Je change de l'or.)

30 septembre. — Partis pour Liège à midi. Charmante route par Pepinster et Chaudfontaine.

A Liège, revu la cour du palais des évêques. On la restaure gauchement. Il ne faudrait pas toucher aux colonnes, restituer seulement le style des étages supérieurs qui encadrent la cour. — Vu une église. Beaux vitraux. Soir. Orgue. Nous nous sommes promenés le soir dans la ville. Illuminations pour le 34e anniversaire de leur 1830 belge.

1er octobre. — Partis pour Tirlemont. Nous nous arrêtons à Saint-Trond. Vu la ville. Charmant beffroi. Belle église. Bien restaurée au dedans.

Charivari de corne à un veuf qui se remarie.

2 octobre. — Partis pour Louvain. Nous faisons un détour pour voir Léau, ville inédite; on n'y passe jamais. Très bel hôtel de ville (Charles VIII).

[1] Est-ce ce burg, habitable et délabré, qui a donné à Victor Hugo l'idée du décor de la première *Trouvaille de Gallus : Margarita?*

Très belle église (14e siècle). Dans l'église plusieurs retables (Charles VIII) du plus riche et du plus charmant goût. Magnifique tabernacle de la Renaissance, haute pyramide tourelle de pierre ouvragée à dix étages décroissants de figures, de statues, de bas-reliefs et d'architectures. Napoléon a voulu enlever ce chef-d'œuvre; on l'eût mis en poussière, il y a renoncé. Vis-à-vis une tombe du comte de Léau et de sa femme qui ont donné ce tabernacle à l'église. *Voilà monsieur et madame,* nous disait un habitant. Le tabernacle est garanti par une superbe grille de cuivre repoussé et menuisé; l'ensemble est splendide.

Arrivés à Louvain à 6 heures. Vu l'hôtel de ville au crépuscule.

3 octobre. — Revu l'hôtel de ville, la cathédrale (Sainte-Marguerite), les tableaux (*la Cène* et le *Saint-Erasme* de Hemling). Revu la belle façade jésuite. On la gratte stupidement.

4 octobre. — *Malines.* Longé le canal. Revu Vilvorde. Kermesse sur la grande place. Vu l'exposition votée par le congrès catholique. Innombrables richesses des trésors des églises de Belgique. Grande politesse du directeur qui me guide partout. Crosse de bois de Saint-Malo. Crosse de cuivre de Saint-Bernard. Magnifique chandelier de cuivre de l'église de Léau. — Vu la cathédrale.

Partis à 3 h. 1/4 pour Anvers. Revu la cathédrale. *La Descente de croix* de Rubens et l'hôtel de ville. La maison des arbalétriers.

6 octobre. — *Termonde*[1]. Vu le soir la place de l'hôtel de ville. Causerie avec l'architecte. Je décide l'architecte à modifier son plan, et à conserver le plus possible l'ancien hôtel de ville.

8 octobre. — Partis pour Courtrai. Je me suis arrêté en route pour dessiner un moulin curieux sur le toit d'une maison. Visité et revu Courtrai après 27 ans. Promenade le soir. Les deux vieilles grosses tours. La Lys. Les églises. Hôtel de ville bêtement restauré.

9 octobre. — *Ypres.* — *Hôtel de la Châtellenie.* C'est l'ancienne maison des sept planètes dont il ne reste que les sept figures médaillons en ronde-bosse. La façade est refaite et détruite. Hôtel de ville splendide, très bien restauré. Le soir, à table, visite du substitut du procureur du roi et de deux membres du congrès d'Amsterdam, etc. — Revu la place au clair de lune. Nous décidons que nous verrons Furnes et Dixmude.

(1) Voir page 567.

10 octobre. — Visité l'Hôtel de ville. J'y suis reçu par le bourgmestre d'Ypres. Intérieur délabré et défiguré. Très belles salles gothiques avec restes de peintures murales. Le bourgmestre me conduit, accompagné du premier échevin et de l'archiviste, sous le toit, immense salle, ancien lieu d'exposition des drapiers du temps qu'Ypres avait 200,000 habitants. Très belle charpente du comble en essence de châtaignier.

Visite aux archives. Un coffre du 13e siècle en bois. Très curieux. Très précieux manuscrit des coutumes et us des drapiers. Très rare comme manuscrit laïque. Le bourgmestre m'offre le diplôme de membre honoraire de la société des antiquaires d'Ypres.

Visite à la grande église. Très belle nef du 14e siècle. — Portrait de Jansenius. Tombeau de Jansenius devant l'autel. Une simple pierre avec une croix et une date.

Vu le musée. Le premier avocat d'Ypres et le substitut du procureur du roi nous accompagnent. Vitrine pleine d'instruments de torture, achetés il y a 50 ans comme vieux fer par MM. Carton et Vandepereboom, au

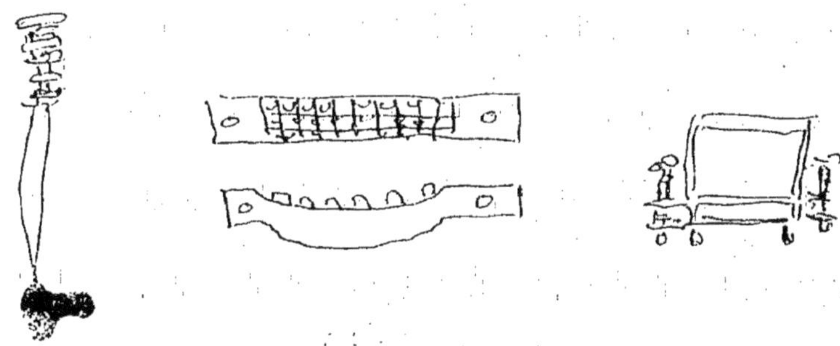

moment où l'on allait en faire une ancre. Lame à scier les cous. Fer emmanché de bois pour brûler les dos. Traces de brûlure sur le bois. Engins à écraser les bras. Cela se serre avec des écrous. Engins à écraser les doigts.

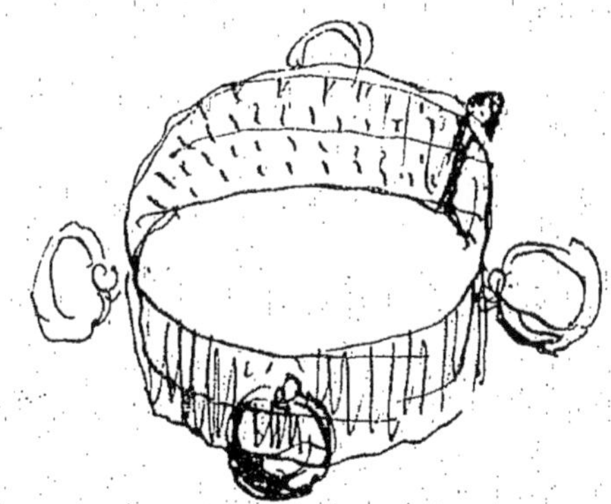

Collier à suspendre le patient armé de pointes en dedans. Quatre rangs de pointes, quatre anneaux, quatre cordes, quatre poulies aux quatre murs de la chambre. Tout cela servait encore au siècle dernier. Divers procès-verbaux de torture. Un de 1712, en flamand. — Vitrine où est la tenaille de fer dont on a supplicié huit échevins au 15e siècle. Longue et lourde. En face, vitrine où est l'épée à mains qui a coupé la tête d'Egmont et de Horn, rapportée par l'évêque d'Ypres qui les avait assistés sur l'échafaud (afin qu'elle ne serve plus, *si ce n'est pour des personnes du même rang*). — Magnifique et rare coffre de laque-coromandel.

Rôdé dans les rues. Vu la maison des Templiers. — Deux très belles maisons de bois. Il y a un beau Rubens dans le musée. (*La prédication de Saint-Benoît pendant la peste.*)

Un dessinateur prend soin de dessiner toutes les vieilles maisons d'Ypres avant qu'on les démolisse.

Partis à 3 heures pour Furnes.

11 octobre. — *Furnes.* Visité l'Hôtel de ville. Je suis reçu par un membre du conseil municipal et par le bibliothécaire. Très belles salles. Ameublements en partie conservés. Cuir de Cordoue sur les murs, tenture magnifique. Plusieurs cheminées de la Renaissance. Au premier étage, une grande salle absolument intacte, style Philippe II. Cuir de Cordoue. Trois portraits d'empereurs en pied, Mathias, Léopold et Joseph II. Haute cheminée de chêne où sont incrustés les portraits d'Albert et d'Isabelle, avec chambranles à figures de marbre noir et de marbre blanc. Deux admirables portes en chêne sculpté du seizième siècle. Très beau tapis de table à blasons avec les portraits des rois d'Espagne. Plafond de chêne à poutres. — Autres salles. Le tribunal. Chambre des condamnés à mort. En bas est la chambre de torture. On voit encore, sur le mur, la fumée des brasiers et sur le plancher les taches de la graisse et du sang des torturés. On ne peut voir cette chambre. On en a fait, à intention peut-être, un magasin. Elle est encombrée et fermée. Le greffier qui en a la clef est à la campagne. — Au rez-de-chaussée, jolie chambre bleue tapissée de velours d'Utrecht avec meuble pareil et deux charmants trumeaux bleus au-dessus des portes. — Bibliothèque. Cuirs de Cordoue. Armoires Louis XV. Très beau Snyders sur la cheminée, nature morte, bêtes tuées. — Le bibliothécaire me prie de signer sur son registre et m'offre un livre sur la vieille pénalité flamande.

Vu l'église. Très belle boiserie de 1632, orgues du temps de Louis XIV, très hardiment dressées au-dessus de la porte du chœur. Superbe tabernacle de la Renaissance en marbre.

Ancien hôtel de ville, à demi dégradé par Vauban. Édifice du douzième siècle. Très beau. Jolie porte trilobée à jour. — La grosse tour de l'église; au bas de la tour très beau porche du douzième siècle à voussures et à figures, du plus grand style. — Plusieurs jolies maisons des 16 et 17e siècles.

A 4 h. 1/2 à Dixmude. — Vu l'église. Très curieux jubé flamboyant; le chef-d'œuvre peut-être du gothique extrême. On ne sait en quoi il est fait. Les uns disent en stuc, les autres en pâte de seigle, les autres en pain d'épices. Je le crois en terre glaise à brique. Toute l'église est du plus haut intérêt. Jolie boiserie Louis XII. Beaux fonts baptismaux. Quelques tableaux. Rare et magnifique banc d'œuvre du 17e siècle. A Ypres à 7 h. 1/4.

Le soir, arrivés à l'hôtel de la Châtellenie, visite des habitants notables. La commission du Musée se présente (trois membres) et m'apporte le registre avec prière de le signer. Je le signe. Mes fils signent. Petites harangues. On me remet une médaille en commémoration de mon passage. Je revisiterai le musée.

12 octobre. — Revu le musée. Je revois les instruments de torture. La grande lame servait à briser les membres sur la roue. Les petites menottes à écrous servaient à réunir les pouces des mains et les orteils des pieds en X dans le même écrasement; on suspendait, par les pouces et les orteils ainsi reliés, les torturés au-dessus d'un brasier; on ne les brûlait pas, on les cuisait. Le collier à pointes servait à faire mourir les condamnés par la privation de sommeil. Ils étaient debout le cou dans ce collier rattaché au mur par quatre cordes. Si leur tête fléchissait sous le sommeil, un coup de bâton sur les cordes les réveillait en leur enfonçant dans le cou les pointes du collier. — L'évêque d'Ypres qui a confessé Egmont et Horn était Reithovius. Il a rapporté le glaive. L'usage était que l'instrument du supplice fût donné aux confesseurs.

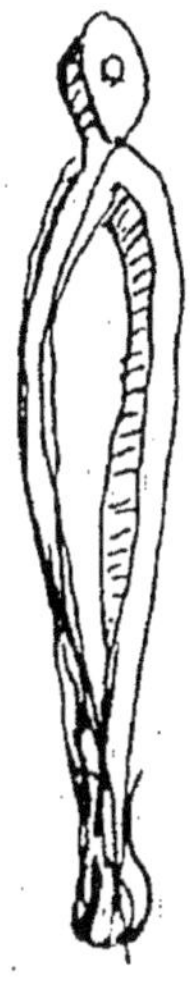

Les huit échevins tués dans une émeute en 1303 ont été, non tenaillés, mais assommés avec la pincette de fer qui est là et qui était dans la cheminée. Elle a quatre pieds de longueur. Puis on les a jetés par la fenêtre. — On photographiera pour moi les engins de torture.

Le bâtonnier des avocats, qui m'accompagne avec toute la commission du musée, me prie de voir chez lui un Rubens qu'il a dans sa collection. Nous y allons. Puis visite chez un vieux peintre très intéressant qui a beaucoup de bahuts très beaux. Nous partons à 4 h. 1/4. Arrivés à Menin à 6 heures.

13 octobre. — *Menin.* Pendant le déjeuner, foule à la porte. Baptiste entre, et dit qu'on va me donner ce soir une sérénade. Entre le bourgmestre. Il me prie, au nom de la ville, de rester un jour. Il m'annonce la visite des *autorités, des notables, du corps des sapeurs-pompiers,* etc. Je le remercie. Je suis forcé de partir. Nous partons à midi. Foule à la porte, très cordiale, qui me salue.

A 5 heures à Tournai. — Le beau beffroi de la grande place est défiguré (surtout à la partie inférieure) par une restauration absurde. Nous voyons la cathédrale. Magnifique au dehors, superbe au dedans. *Cinq clochers, quatre cents* (sans) *cloches*, dit le proverbe local. Presque entièrement romane. — Admirable jubé de la Renaissance. Beaux vitraux modernes de Capronnier.

14 octobre. — Revu la cathédrale. Le jubé est composé de sujets contrastés de l'ancien et du nouveau testament (comme je l'ai dit dans *William Shakespeare*) : *Jonas, Isaac,* etc. — Très beaux médaillons de bois sculpté, venant du chœur. Chaque fenêtre verrière Capronnier complète coûte 3,500 francs. Quiconque veut donner une fenêtre à l'église le peut, moyennant quoi il a son blason dans la cathédrale de Tournai.

Vu le trésor. Plutôt vestiaire que trésor. Chaque ornement se compose de dix chapes. Les chapes moyennes coûtent 3,000 francs. Une des chapes est le manteau de couronnement de Charles-Quint, velours rouge avec fleur d'or courant sur le velours. Le devant de ce manteau est estimé 150,000 francs. — Ostensoir de vermeil de 1698. — Beaux rubis. Anecdote racontée par le suisse qui était là. Le comte de Flandre est venu à Tournai, a vu cet ostensoir, a ôté une bague à rubis qu'il avait au doigt et en a comparé le rubis aux rubis de l'ostensoir. Le duc d'Arenberg qui était présent a montré le bas du crucifix et a dit : *Prince, ce rubis serait bien là.* Le comte de Flandre a paru ne pas entendre.

15 octobre. — Antoing[1] que nous avons vu hier est un vieux château des 12e, 15e et 16e siècles, bien restauré aujourd'hui, à la porte près, qui est bâtarde et mauvaise. L'architecte est de Paris et habile. L'ensemble est magnifique. Il y a dans un renfoncement de muraille une grosse pierre suspendue à des barres de fer. Probablement quelque légende.

— Vu Belœil. De très belles eaux, trop stagnantes pourtant, et de beaux arbres. Deux admirables tilleuls en entrant; deux chimères de blason, en marbre, superbes, un lion et un griffon. Le château est un vieux donjon à quatre tours, abâtardi en château Louis XIV. Les statues sont peu nombreuses et mauvaises. Détestable groupe de Neptune au bout de la grande pièce d'eau. Neptune est badigeonné en jaune.

Revu de dos le prince de Ligne après dix-sept ans; il rentrait suivi de deux chiens, à pied, en long paletot. Il a l'air fort invalide. Il a soixante ans.

J'ai marché en avant deux lieues. La voiture m'a presque perdu, et ne m'a pas rejoint sans peine.

Arrivés à Mons à 5 h. 1/2.

[1] Voir page 569.

Le soir, en sortant de dîner, revu Mons (après vingt-sept ans). Clair de lune. Le beffroi espagnol, l'hôtel de ville, les carillons. Sainte-Waudru. La grande place, même effet féerique et même clair de lune qu'en 1837.

16 octobre. — Visite à Sainte-Waudru. Admirable nef, beaux vitraux. Il y avait un jubé de la Renaissance, on l'a détruit; on en voit çà et là les restes magnifiques dans les chapelles. — On m'a reconnu comme je sortais de Sainte-Waudru. En passant devant l'hôtel de ville le chef du poste me fait le salut militaire. A l'hôtel de la Couronne, je trouve le directeur du théâtre qui vient m'offrir une loge pour le soir. On donne *le Caïd* et *les Pattes de mouche*. Je ne puis accepter, je pars.

Il y a une très curieuse et très précieuse serrure gothique à la grande porte de l'hôtel de ville. La façade est très belle. Les gargouilles de Sainte-Waudru sont nombreuses et originales. Ce sont les démons condamnés à faire le service des eaux sales de l'église.

17 octobre. — Nous passons à Beaumont. Dans la maison de M. de Caraman, il y a une chambre où Napoléon a couché, allant à Waterloo.

Walcourt. — Revu après trois ans l'église, très belle. 14e siècle. Beaux vitraux. Très beau porche, intérieur flamboyant.

18 octobre. — Partis à midi pour Dinant. Revu Philippeville. Le puits. — Suivi le cours de la Meuse. — Vu dans les rochers une caverne habitée sept ans par un couple avec six enfants, et portant le n° 70. — Vu près du tunnel du railway de Givet une grotte très haute habitée par les luteaux (lutins); ils raccommodaient les souliers et les hardes qu'on déposait à l'entrée de leur grotte avec une assiette de soupe. J'ai vu l'escalier taillé dans le roc, ébauché plutôt que taillé, qui monte jusqu'à cette grotte.

1865.

LE RHIN ET LE LUXEMBOURG.

28 juin. — Nous partons ce matin. Vent du Sud. Brouillard. Mer calme. Nous passons à 11 heures entre Aurigny et les Casquets. Je dessine le rocher Ortach.

1er juillet. — *Londres.* Nous partons pour Douvres. Rapidité du train. Il vole au niveau des hauts toits des vieilles maisons de Londres. On surprend les secrets des ménages. C'est Asmodée. Non boiteux.

4 juillet. — *Bruxelles.* Acheté deux flambeaux de bronze (Les Misérables), Jean Valjean et Javert, 25 francs.

24 juillet. — Visite à la porte de Hal. J'ai dessiné tous les aspects du modèle de la Bastille, et pris toutes les mesures. Le gardien m'a montré les instruments de torture trouvés dans la tour de Schaerbeek à Bruxelles. — Chaînes, carcans, collier à pointes intérieures comme celui d'Ypres. — Une ceinture de chasteté (en fer); une muselière à conduit creux, pour boire et manger, en avant de la bouche.

23 août. — Partis pour Spa à 5 heures. — Rencontre terrible des débris d'une trombe passée une heure avant nous sur la grande route entre Barvaux et Remouchamps. Toits emportés, arbres innombrables cassés et broyés à terre, un christ jeté bas.

24 août. — Rencontré Crémieux que je n'avais pas vu depuis le 1er décembre 1851, et qui m'avait ce soir-là reconduit chez moi. J'avais Crémieux sous un bras et Jérôme Napoléon sous l'autre.

26 août. — *Aix-la-Chapelle.* Visité la galerie. Deux Rembrandt. Un portrait de vieillard. Splendide. Un paysage absolument magistral. Un magnifique Philippe IV. Le roi est féroce, le chien est bon. Une marine superbe de Ruysdaël. Admirables Van der Neer. Des Jean Steen. Belles esquisses de Rubens. Une reine d'Espagne (Bourbon) de Velasquez. Un Teniers prodigieux (*l'Entrée du nocher en enfer*); un très beau *D. Juan d'Autriche* de Coëllo, de magnifiques tableaux d'animaux et de nature morte.

31 août. — *Oberlahnstein.* Église romane (défaite), il ne reste que le tympan plein cintre du portail roman incrusté dans le mur d'enceinte. — Je dessine une vieille maison.

1er septembre. — Partis à 2 heures pour Saint-Goar.

Oberlahnstein beau et curieux. Ancienne forteresse du 13e siècle appartenant à l'archevêque de Mayence, avec la roue de Mayence sculptée sur la porte. Vieilles tours. Nous suivons la route de la rive droite. Point fréquentée. Ornières. Pas de parapet le long du Rhin. Quelque danger.

Beaux vieux villages. Braubach. En haut le Marckburg, d'un grand aspect. Oberspey. Nous arrivons à Boppart à 6 heures. Y a-t-il un bac? Question. Un bac arrive. Étroit. Plat. Peu de bord. Nous nous y embarquons. Grand vent. Le Rhin est presque en tempête. Le clapotement effraie les chevaux. On les dételle. Baptiste inquiet, dit : *Je ne recommencerais pas pour cinq francs.*

4 septembre. — Mayence. Après déjeuner, je me promène dans la kermesse qu'on défait. On emballe les chevaux de bois. De grandes voitures jaunes à roues bleues, qui sont des maisons, se chargent de caisses au dehors et de familles au dedans. La femme qui avait hier soir, aux lampes et sur les tréteaux, vingt ans et un maillot rose, a ce matin au soleil quarante-cinq ans, des bas sales et un jupon de grosse laine paysanne. Les canards des fermes voisines vont et viennent dans ce déménagement mélancolique.

5 septembre. — Heidelberg. Après le dîner, la pleine lune nous invitant, nous montons à la ruine. La porte est fermée. Nous frappons avec quelque colère. Je me rappelle que mon oncle Louis Hugo a enfoncé cette porte à coups de hache, et je tâche de l'enfoncer à coups de talon. Je réussis moins que Louis. Nous faisons le tour du château. Admirables lueurs de lune dans les arbres. Nous espérons entrer par l'autre porte sur la colline. Nous la trouvons fermée. Nous frappons. Un homme ouvre avec un gourdin. Nous lui offrons deux florins pour entrer; il nous offre des coups de bâton; Charles se dispose à lever la canne. J'interviens. Nous redescendons, nous ne voyons pas la ruine, et nous allons nous coucher.

8 septembre. — Bade. Déjeuné à *l'Ours.* Une jolie petite fille de huit ou neuf ans entre, tenant un bouquet. C'est de la part de son père et de sa mère, voyageurs dans l'hôtel. Je lui baise la main, et je lui demande le nom de ses parents. Elle me dit : *Je m'appelle Lucie. Papa s'appelle Victor. Maman s'appelle Thérèse.* J'offre le bouquet à madame Hetzel. J'écris ceci sur un papier que je remets à la petite fille :

Remerciement pour ce bouquet apporté par une fleur.

Victor Hugo. 8 7bre 1865, Bade.

J'ai été me promener seul. J'ai revu l'église, j'ai vu la chapelle. Superbe tombeau du 14ᵉ siècle. Au centre un géant de pierre, qui est un margrave de Bade, couché sur une table avec des lions sous ses pieds et sous sa tête et tenant à la main son morion bicorne.

Autres tombeaux dont un, curieux, du 15ᵉ siècle, à statue de cuivre. Beaux détails. Jolis vitraux allemands modernes. J'ai rôdé une heure sur la lisière de la forêt.

11 septembre. — Partis de Carlsrühe pour Antweiler. Après le déjeuner nous montons à Trifels; route longue, ombragée, montueuse. Haut de la montagne, ardent soleil. Ruine éparse en blocs titaniques. Au centre une grande tour carrée, très pure, et qui semble toute neuve. C'est un castellum roman du onzième siècle. Il y a au flanc de la tour un encorbellement byzantin du plus beau style porté par deux mascarons en console. Escaliers de pierre usés. Je monte et je vais partout. Je cueille une petite fleur rose sur le soupirail du cachot de Richard Cœur de Lion; ce soupirail ressemble à une croisée de pierre à quatre baies posée à terre. Par les quatre ouvertures carrées on aperçoit à une cinquantaine de pieds de profondeur le cachot. Le soleil n'y entre pas.

Je dessine le burg. De la plate-forme, vaste vue sur les Vosges et sur la plaine du Rhin. Plus de soixante sommets à l'horizon. Presque tous ces sommets portent ou une ruine humaine ou une ruine divine, une forteresse ou un rocher antédiluvien. Les rochers ressemblent aux donjons, les tours ressemblent aux pics. De là ces silhouettes se mêlent. Près de nous il y a deux cimes portant deux châteaux, et deux autres cimes portant, l'une une sorte d'autel géant haut de quatrevingts pieds, l'autre une espèce de peulven naturel immense. Nous redescendons la montagne en courant sous une forêt très haute et très escarpée. Nous arrivons à Antweiler à 4 heures. Nous partons à 4 heures 1/2 pour Pirmasens. Je revois en passant la Table du Diable, et je la dessine. Toute cette vallée est un émerveillement.

13 septembre. — *Bliescastel.* Avant le dîner, nous parcourons la ville. Quelques vieux hôtels dans une rue montante. Une façade Louis XIV d'assez grand style sur un jardin. Au haut de la rue une église. Le portail est d'une belle couleur; il est étrange et riche, et laisse l'esprit indécis entre la Renaissance et le Louis XVI. Il y a sur une place un cippe-fontaine dédié à Napoléon Ier en 1804 avec une inscription respectée des prussiens.

17 septembre. — *Saarburg.* Partis pour Trèves après être allés voir la cascade; arrivés devant Saint-Mathias, nous nous y arrêtons une demi-heure. C'est un étrange chaos, une église rococo-romane, un édifice à pleins-cintres, compliqué de rocailles et de chicorées, le douzième siècle enjolivé par le dix-huitième, Barberousse mélangé de Louis XV. Nous arrivons à Trèves à 4 h. 1/2. — Nous allons voir le dôme, l'escalier rococo du palais des archevêques; nous haïssons en passant l'inepte Basilica; nous sommes à la nuit tombante dans la ruine des bains de Constantin et à la nuit tombée dans le cirque.

19 septembre. — *Vianden.* Nous allons voir la ruine. La restauration de la chapelle est acceptable. Le nouvel architecte fait de son mieux. Plusieurs effondrements et éboulements ont eu lieu depuis ma dernière visite, notamment dans la grande salle d'en bas.

20 septembre. — Après le déjeuner nous partons pour aller visiter les ruines de Bourscheid. Nous voyons en passant la ruine très belle de Brandebourg. Je la dessine. Nous arrivons à 5 heures après quelques difficultés de gués à traverser et de côtes à monter, à Bourscheid. Une vieille femme nous y reçoit. Son logis est dans une tour. Il est terrible. Un grabat couleur cendre dans une brèche du mur, une lucarne bouchée avec de la paille, un poêle de fer, quelques escabeaux branlants, le mur chassieux, la chambre borgne, la table boiteuse, la femme goîtreuse. Elle loge là avec sa fille, qui est jeune. Elle nous présente comme curiosité locale offerte aux voyageurs le livre héraldique des sires de Bourscheid, sur lequel nous lisons à la date de 1758 :

> Charles Hugo, baron de Metternich;
> François Hugo Wolff, baron de Vernich et de Neckarsteinach, maréchal héréditaire du duché de Luxembourg.

Nous errons dans la ruine. Je la dessine. Elle est admirable. C'est un énorme arrachement de murs et de tours fait par quelque poing terrible (le poing des vieilles guerres). Le burg va du onzième siècle au quinzième. La vue est splendide.

[Retour le 25 septembre pour le mariage de Charles qui a eu lieu à Bruxelles le 18 octobre.]

24 octobre. — Je pars aujourd'hui 24 octobre de Bruxelles pour retourner à Guernesey par Ostende, Douvres, Londres et Weymouth.

25 octobre. — *Ostende.* Tempête. Nous laissons partir le bateau et nous allons à Gand flâner. Gand se déforme comme Anvers et Liège. Bruges tient encore un peu. Le beffroi de Gand est honteusement restauré style gothique-troubadour. L'hôtel de ville a des parties admirables.

26 octobre. — Il fait très beau. Nous voulons partir. Toutes sortes de petits délais nous font manquer le bateau. Nous arrivons trop tard de deux minutes. Je loue une voiture pour aller à Nieuport dont l'hôtel de ville, vu il y a vingt-huit ans, m'a laissé un souvenir. Nous partons à 10 heures.

IMPRIMERIE NATIONALE.

Pluie. Je passe une heure et demie à parcourir la ville. Nieuport se compose de quatre rues perpendiculaires au port coupées d'une rue parallèle au port. Les deux rues du milieu vont l'une à l'hôtel de ville, l'autre à l'église. L'église est vaste, lourde, hybride, avec de belles parties. L'hôtel de ville est un échantillon rare du quinzième siècle. Il est charmant, du plus grand style dans sa petitesse et très curieux. Il y a en outre plusieurs maisons précieuses. Une de 1552 et une de 1624; d'autres encore. J'ai été fort mouillé, et très content.

1867.

EN ZÉLANDE.

18 août. — Nous partons aujourd'hui pour Anvers. De là pour la Zélande.

19 août. — *Middelburg.* Toute la vieille ville est intéressante. Nous visitons le vieux couvent des Templiers où est la salle des états provinciaux. Magnifiques tapisseries, représentant des batailles navales, devenues grises en vieillissant. Musée et collections. Église. — Splendide hôtel de ville gothique flamboyant. Nous en visitons l'intérieur. Belles tapisseries. Visite au palais de justice. Le procureur du roi m'a prié de signer sur le livre de justice; j'ai écrit :

Justitia veritas est,
neque severitas.

A 3 heures nous partons pour Domburg en char-à-bancs. Vu les dunes. — Vu de loin le polder de West-Chapel, qui couvre toute l'île de Walchesen. Ce polder a coûté si cher de construction et d'entretien qu'à l'heure qu'il est on a calculé que les sommes dépensées et cristallisées représentent la construction du polder tout en argent massif.

21 août. — Zierykzée est une ravissante ville du vieux type zélandais. Canaux. Moulins. Prairies. Grands arbres. Une vieille barque échouée au fil de l'eau. Portes de ville du quatorzième siècle d'un très pur style. Maisons de la Renaissance. Le plus charmant soleil couchant sur ce vieux tableau hollandais.

Avant le dîner nous visitons la ville. Nous commençons par l'hôtel de ville, construit au quatorzième siècle, achevé au dix-huitième, charmant édifice mixte. Le clocher, bulbeux et hérissé, est du plus joli goût fantasque. A l'intérieur, force salles du 18e siècle du style Louis XV le plus exquis; plusieurs magistrats, les uns présidents, les autres procureurs, m'attendent et me montrent leur chambre de conseil ou de jugement. De là nous allons à l'orphelinat, admirablement bien tenu. Il y a là une salle Louis XV complète, avec une élégante cheminée à trumeau de glace et à cadre d'or tarabiscoté, et une magnifique tenture de cuir à fond d'or. — Rien de charmant comme les petits lits des enfants les uns à côté des autres. Propreté vertueuse des dortoirs.

L'église, toute moderne, est laide. L'ancienne, dont il reste un magnifique tronçon de tour, a été brûlée vers 1834. On l'a rebâtie dans le goût Louis XVIII. Pour cela on a démoli bêtement la ruine qui était superbe. Comme j'allais passer devant cette *basilica* sans y entrer, les magistrats qui nous guident me disent que l'organiste est à son buffet dans l'église, et m'attend pour me faire entendre l'orgue. Nous entrons. Très bel orgue. Je remercie et je félicite l'organiste. Le clocher, tronqué mais debout, est superbe. C'est une splendide masure de campanule. Il est isolé de l'église. On va l'utiliser, et des maçons le gâtent. J'en fais l'observation au secrétaire de la ville, M. Hermerins, et je le prie de défendre l'édifice contre l'architecte. Je monte dans la tour avec Victor et un des magistrats. Sommet. Nous venons de franchir presque en courant 278 marches. Je respire sur le haut.

Admirable paysage. A nos pieds Zierykzée, pittoresque échiquier de rues et de maisons à devantures peintes et sculptées et à pignons en escaliers, avec les tourelles aiguës des porte-forteresses, et le beffroi bosselé de l'hôtel-de-ville; au delà une plaine couverte de cultures vertes et jaunes, marquant les différences des semailles et des moissons; au fond, de toutes parts, la mer. C'est la mer du Nord. Le canal de Zierykzée à l'Escaut coupe ce pêle-mêle d'une ligne droite, qui, toute lumineuse, ne gâte rien. Victor et moi grimpons sur le parapet pour mieux voir. Cette plateforme ajoutée à la ruine est, du reste, absolument laide et maussade comme architecture.

22 août. — A neuf heures du matin, deux voitures viennent nous chercher, un char à bancs appartenant à M. Van Maenem, et une calèche appartenant à ...[1]. Je monte dans la calèche et nous partons pour Browershaven, qui est à cinq lieues au bord de la mer. Nous sortons par une porte de la ville du seizième siècle à double pignon voluté. Au sommet du pignon de gauche on aperçoit une épée, la pointe vers le ciel, qu'y a plantée au seizième siècle un capitaine espagnol, nommé Mondragon, en s'emparant de la ville. Les vaincus ont respecté l'épée du vainqueur, et la montrent aux étrangers. Nous passons devant une autre porte, plus ancienne (du quatorzième siècle), à deux tours pointues, l'une s'appelle *Marie* et l'autre

[1] Le nom est resté en blanc.

Anne. Le maître de la calèche la conduit lui-même. M. Van Maenem est assis à côté de lui sur le siège. Il nous montre de loin la dune où l'on a trouvé il y a cent ans un esquimau noyé dans sa pirogue. Hier nous avons vu dans un compartiment de l'hôtel-de-ville cette pirogue suspendue près du plafond. Elle est en écorce et ressemble à un long poisson. Au milieu un mannequin figure l'esquimau noyé. Le mannequin est vêtu des habits du mort en peau de phoque et tient des deux mains les deux avirons.

Il est assis dans la pirogue qui se ferme autour de sa ceinture. Cet homme avait été ainsi apporté du pôle par l'océan.

Nos excellents chevaux nous entraînent rapidement à travers les arbres, les prairies, les pâturages, les villas et les métairies et les jolis villages lavés, balayés et peints à neuf; les cochons sont débarbouillés, le fumier est propre. Les belles maisons de campagne abondent.

Au seizième siècle, la mer était là, et une bataille navale s'y livra entre les espagnols et les hollandais. Rien d'étrange pour la pensée comme la vision d'un choc de navires furieux se canonnant dans l'ouragan et dans les écumes, superposée à ce paysage de jardins et de maisons blanches où l'on entend bêler les brebis. En cinq quarts d'heure, nous sommes à la petite ville de Browershaven. Le bourgmestre me reçoit à la descente de voiture devant l'hôtel de ville. C'est un homme d'environ cinquante ans à la figure douce et intelligente. Il a le ruban du *Lion* de Hollande à sa boutonnière.

Browershaven veut dire *havre des brasseurs*. Le bourgmestre nous montre l'hôtel de ville. Au rez-de-chaussée grande salle où il y a un très beau lustre de cuivre avec figurines. Au mur un tableau du 17e siècle représente un cachalot échoué. Ce cachalot est venu expirer il y a deux cents ans sur la dune de Browershaven. Nous montons un escalier à vis de Saint-Gilles; nous arrivons au grenier. J'aperçois une espèce de longue poutre sur tréteaux, d'environ neuf pieds de long, très délabrée, garnie de deux clous à un bout et d'un tourniquet avec une corde à l'autre bout. Le tout est percé de trous.

C'était le chevalet d'extension. On y couchait l'accusé la tête retenue par les deux grands clous, le corps lié de cordes et les pieds noués ensemble par une plus grosse s'enroulant au tourniquet. On faisait effort sur le tourniquet, et à chaque tour les membres du patient criaient. On allongeait le misérable jusqu'à ce qu'il avouât.

A côté sont d'autres engins du supplice, deux pierres enchaînées qu'on nommait *les pierres de la Loi*. Ces pierres pèsent ensemble plus de cent livres.

Dans le même coin il y a une ceinture de fer avec vis et écrou, plus deux chapeaux de fer qui ressemblent à deux boucliers. Tout cela était destiné à la femme adultère amnistiée par Jésus. On lui mettait la ceinture au ventre, les pierres au cou et le chapeau sur la tête. Ainsi accablée sous deux cents livres de fer, on la faisait marcher nue dans la ville à grands coups de fouet. On infligeait le même supplice aux huguenotes. L'hérésie au mari était punie des mêmes peines que l'hérésie à Dieu. Tous ces engins sont aujourd'hui rongés de rouille. Toutes ces lois et tous ces préjugés aussi.

En sortant de l'hôtel de ville, le bourgmestre nous a conduits chez lui où nous avons été reçus par sa vieille mère très vénérable. On a versé du vin du Rhin. Beaucoup de notables étaient là. J'ai bu à la santé de la vieille dame et à la prospérité de la vieille ville. Puis nous sommes partis. En traversant les rues de la ville et le port, j'ai remarqué que les maisons et les navires étaient pavoisés. M. Van Maenem s'est penché et m'a dit : — Savez-vous pourquoi la ville et le port sont pavoisés? — J'ai répondu : — Sans doute, comme à Guernesey, pour quelque fête locale. — Pour vous, m'a répondu M. Van Maenem.

Après un silence le maître de la voiture m'a dit : — Monsieur, il y a trois ans, cette même calèche et ces mêmes chevaux ont fait faire la même promenade au roi. — M. Van Maenem a repris : — Il y a trois ans, cette voiture a porté le roi de la petite Hollande. Aujourd'hui elle porte le roi de la grande république universelle. — J'ai dit à M. Van Maenem : — Pas de roi. — C'est juste, a-t-il repris, le chef. — Ni roi, ni chef. — Et j'ai ajouté : *Égalité.*

A 11 heures nous sommes rentrés à Zierikzée.

A 2 heures nous partons pour Dordrecht.

L'approche de Dordrecht au soleil couchant est charmante. Petites maisons. Beaux villages. Barques. Grands moulins, dont quelques-uns ont un rez-de-chaussée percé de part en part qui laisse voir la silhouette de la charpente intérieure et des mécanismes. A 5 heures, nous arrivons à Dordrecht.

Le pasteur qui prêche dans la principale église est venu me faire visite, et ayant encore une heure avant le dîner, nous sommes tous allés voir la cathédrale.

La cathédrale est du quatorzième siècle, mais retouchée et abâtardie. Quatre cadrans posés sur le faîte en 1605 défigurent le clocher. L'intérieur est d'une grande majesté gothique. Au chœur, belle grille en cuivre. — Stalles. Admirable boiserie de la Renaissance, si vermoulue qu'il n'y faut plus toucher, un bijou pour les femmes, un chef-d'œuvre pour les hommes. La chaire est du plus riche style Louis XV, marbre blanc, et chêne. Le pinacle est à jour et superbe. Sur l'invitation des pasteurs, j'y suis monté. C'est la première fois que je monte dans une chaire, ce qui n'est pas monter en chaire.

Nous avons tous dîné gaîment et médiocrement. — Après le dîner je suis allé voir seul dans la nuit le port plein de grands navires et les canaux qui font de la ville une quasi Venise, avec le nord au lieu du midi.

[Retour à Bruxelles le 24 août.]

29 août. — Séjour à Chaudfontaine et excursions. — Promenade à Tilff en panier attelé de deux petits chevaux blancs. — Nous avons passé, en sortant de Chaudfontaine, devant un estaminet portant cette enseigne :

CAFÉ TENU PAR LA VEUVE SÉPULCRE.

Nous avons côtoyé l'usine de la Vieille-Montagne, puis nous nous sommes engagés à gauche dans une charmante vallée où coule l'Ourthe qui se jette dans la Vesdre un peu plus loin.

Tilff est un joli village au bord de l'eau sous les grands arbres. Il y a deux auberges, l'*Hôtel des Étrangers,* dans une vieille maison échevine à tourelle, et l'*Hôtel de l'Amirauté,* au bord de la rivière avec une très jolie salle à manger dans le plus charmant goût Louis XV. Elle est conservée telle qu'elle était en 1755.

2 septembre. — Je viens de voir dans cette solitude un *Suivez-moi jeune homme* perfectionné. Aux deux bouts des rubans sont brodés des hameçons.

4 septembre. — Il y a aujourd'hui vingt-quatre ans[1]. — A 4 heures, trombe. La vallée de Chaudfontaine a disparu dans la nuée. Les plus grands arbres du jardin de l'hôtel sont brisés. Le ravage est partout. La maison neuve où est le *Café du Midi* a eu son toit arraché et jeté dans la rivière. Une fenêtre ouverte a suffi, le vent s'est engouffré, et le toit s'est envolé.

[1] Allusion à la mort de Léopoldine.

1869.

EN SUISSE.

Après avoir présidé le Congrès de la Paix, à Lausanne, Victor Hugo se rend à Berne d'où il part pour son voyage annuel.

Berne. Aujourd'hui 20 septembre, j'engage le cocher qui nous mènera à petites journées de Berne à Bâle par Lucerne et Constance dans une voiture à deux chevaux à raison de 25 francs par jour de marche et de 20 francs par jour de séjour, tous frais compris.

Nous partons à une heure. Beau soleil. Admirable voyage à travers des groupes d'énormes chalets sculptés et peints. On dirait des villages de palais. Un torrent-rivière au fond de la vallée. Par instants, de vieux ponts de bois couverts. L'immense mur des Alpes bernoises à l'horizon, avec la Yungfrau. Propreté exquise des maisons. Le fumier est bien tenu. Il est natté comme les cheveux d'une femme.

22 septembre. — *Lucerne.* Hier soir, nous nous sommes promenés, Victor et moi, dans la ville. J'ai revu les deux vieux ponts couverts à tympans peints que j'avais admirés en 1839, lorsque je logeais au *Cygne,* et dont j'avais envoyé le dessin à ma douce Didine bien-aimée.

23 septembre. — Nous partons pour Zurich à midi 1/2. Beau temps. Magnifique apparition du lac au soleil couchant, vu de la descente de l'Albis.

Avant le dîner, nous nous promenons dans la ville, très enlaidie par les embellissements. Je ne retrouve plus les douves de l'enceinte ni la vieille tour à l'entrée du lac. Splendide éclairage des montagnes de neige par le soleil couchant.

Le soir, nous errons. Beau et mélancolique lever de la lune sur le lac, reflétant les mille lumières de Zurich.

Rencontre de M. Moreau, ancien maire de mon arrondissement en février 1848.

24 septembre. — Nous partons à 11 heures pour Frauenfeld. A 2 heures, station à Wintherthur, vieille ville remise à neuf. Il reste deux vieilles tours-portes, une peinture murale avec deux cadrans *Lab* et *Galilée,* sur la première tour. Une charmante tourelle-espion, style Louis XV, et un joli cordon de fer à tirer la sonnette, à une porte, style Louis XVI.

25 septembre. — *Constance.* Beaux restes d'édifices indignement barbouillés ou ratissés. La cathédrale serait très intéressante, si elle n'était badigeonnée à outrance. Une admirable boiserie du chœur est blanchie stupidement. La vieille salle du concile a disparu. On l'a remplacée par une salle de bal ou de concert. C'est un embellissement. Sottise ou habileté. Le catholicisme n'aime pas ces souvenirs-là. C'est ainsi qu'il a détruit en 1863 l'in-pace de Villers dénoncé par moi en 1862 dans *les Misérables.*

Le soir, nous nous promenons au bord du lac. Vieille tour curieuse. Clair de lune.

26 septembre. — Revu Schaffhouse après trente ans. Toujours admirable. Les deux maisons peintes. Force gloriettes-espions de tous les styles. C'est le seul endroit où il soit agréable de voir des espions. La maison à façade Louis XV du bouc noir, merveille habitée par un ferblantier. Le soir, nous avons gravi les escaliers et fait le tour du donjon au crépuscule. Le 27 au matin, je l'ai dessiné.

27 septembre. — Nous partons à 1 heure 1/2 pour Waldschutt, avec station à la chute du Rhin. — Nous arrivons à la chute à une heure trois quarts, nous y restons jusqu'à trois heures et demie. — Quel splendide château d'eau! Quand Dieu fait jouer les eaux, il n'est pas tout de suite épuisé et époumoné comme Louis XIV. Ses fontaines durent des milliers de siècles. Ses merveilles sont toujours toutes neuves. J'ai écrit sur le registre des passants :

Juvenis quia æternus.

A Waldschutt toute la nuit j'ai senti des bêtes sur moi. Le matin j'ai reconnu que ma chambre et mon lit étaient hantés par les belettes, les cafards et les cancrelats. Fourmillement hideux. Cela m'a fait lever au point du jour.

28 septembre. — Nous partons pour Bâle. — Entrevu Lauffenburg, presque à vol d'oiseau. Charmante vieille petite ville avec tours et donjon au bord de la Murg. — Revu Rhinfelden après trente ans. Peu changé. Moi, je le suis.

1871.

VIANDEN. — THIONVILLE.

1er juin. — Au moment de partir[1], je reçois d'Angleterre un télégramme ainsi conçu :

Harrow, 31 mai 1871.

Victor Hugo, 4, rue des Barricades, à Bruxelles.

Je vous offre l'hospitalité chez moi pour six mois.

L. Bowen.
Harrow.
England.

Je répondrai et je remercierai.

Visite du général polonais Ostrowsky. Il me dit : Puisqu'on expulse Victor Hugo, je m'expulse. Je quitterai la Belgique aujourd'hui même.

2 juin. — *Luxembourg.* Après le déjeuner nous nous sommes promenés dans la ville que le démantèlement a faite magnifique. Rien de beau comme le précipice fossé, ravin charmant et riant avec rivière, moulins et prairies, encaissé dans d'effroyables escarpements où reparaît la roche à pic cuirassée autrefois des roides murailles de Vauban.

Après le dîner, je suis retourné voir les fossés. Ils étaient splendides au soleil, ils sont terribles au clair de lune.

4 juin. — Nous sommes allés voir l'Hespérange, village dans une vallée de l'Alzette, à une lieue et demie de Luxembourg. Le lieu est charmant. Au-dessus du village sur la colline il y a une ruine très belle d'un château du onzième siècle. Je l'ai dessinée.

5 juin. — Les nouvelles continuent d'être hideuses. Terreur de plus en plus blanche. On craint pour Vacquerie.

La *Gazette de Cologne* dit que je suis à Londres.

[1] Victor Hugo ayant offert à Bruxelles, où il résidait alors, un refuge à tous ses concitoyens, appartenant ou n'appartenant pas à la Commune et poursuivis par le gouvernement français, avait été, pour la seconde fois, expulsé de Belgique.

6 juin. — Nous nous sommes promenés dans la vallée de Dommeldange qui contourne le plateau de Luxembourg. Le tour entier, à pied, a duré quatre heures. Nous avons vu une très belle chose, la coulée de la fonte dans le haut fourneau de la vallée des Sept-Fontaines. Un torrent de fer liquide sort du trou fait au bas du fourneau avec des tourbillons d'étincelles qui semblent vivantes et qui se tordent comme des pieuvres de flamme. C'est en petit la coulée d'un cratère. Cette lave se répand dans le gaufrier de sable préparé pour la recevoir, et s'y refroidit, et c'est la fonte. On l'envoie en Prusse, de fonte elle devient acier, et on en fait les canons Krupp. Voilà comment l'homme abuse de l'honnête terre qui lui donne le fer.

8 juin. — Nous partons aujourd'hui pour Vianden.

Nous sommes arrivés à 7 heures et demie. Le bourgmestre, M. Pauly, nous attendait. Nous sommes descendus à l'hôtel Koch, auberge plutôt qu'hôtel. Mais il n'y a que cela à Vianden. Du reste il y a un jardin pour les enfants et nous y serons bien. Comme la maison est trop petite pour nous loger tous, j'occupe une chambre au premier dans une maison voisine. J'y ai une vue superbe sur la rivière et sur la ruine. Cette maison fait l'encoignure du pont.

10 juin. — Promenade jusqu'à la frontière de Prusse.

Petit Georges a visité avec Victor les ruines de Vianden. Il m'a dit en revenant :

Papapa, j'ai vu une belle maison cassée. J'ai vu des fenêtres gotipes.

On me dit qu'à propos de mon expulsion Veuillot m'a appelé *vieille citrouille,* et qu'il a ajouté ce correctif poli : *à moitié remplie de diamants.*

12 juin. — Nous sommes partis pour faire une excursion à Beaufort. En sortant de Vianden nous rencontrons les gendarmes. Le curé de la ville a dit hier en chaire qu'il fallait me faire arrêter et reconduire à la frontière par les gendarmes. Je suis sur le siège du char à bancs près du cocher. Les gendarmes s'arrêtent et me font le salut militaire.

Nous voilà sur le haut de la montagne. Le soleil se couche. Pluie à verse. Le soleil reparaît. Nous passons l'Our. Nous montons une côte à pied. Assez longue marche dans les chemins de traverse. Notre cocher dit : On ne va pas voir le château de Beaufort, à cause des mauvaises routes. Nous arrivons à 3 heures au village de Beaufort. On ne voit pas la ruine qui est dans un fond. Pluie. Nous entrons dans une auberge qui est un cabaret.

Entre deux pluies je suis allé voir le manoir. Il apparaît à un tournant de rue, dans une forêt, au fond d'un ravin, c'est une vision. Il est splendide. Il se compose de deux châteaux, un du 17ᵉ siècle, habitable et habité, et un du onzième au seizième siècles, roman et gothique, en ruine. Ruine magnifique. Une énorme tour donjon que j'ai dessinée. A cette tour se rattache toute la forteresse écroulée, murs, tours, tourelles, salles effondrées, créneaux, mâchicoulis. A droite, en entrant dans le donjon, le puits des oubliettes, soigneusement comblé. Les seigneurs actuels effacent volontiers le souvenir des seigneurs d'autrefois. Je remarque partout, sur le Rhin comme dans les Ardennes, cette destruction sournoise et systématique des oubliettes. On ne veut pas montrer le passé sous son vrai jour, qui est hideux.

Nous sommes repartis à 5 h. 1/2. Nous avons passé la Sure à gué. Là nous avons couru un assez grand danger. La rivière était grosse et les chevaux ont failli verser la voiture. Nous sommes arrivés à Vianden à 7 h. 1/2.

18 juin. — A 4 heures nous sommes partis pour une excursion à Falkenstein. Il y a une route neuve faite depuis deux ans à travers la montagne. Au point culminant de cette route, une tranchée coupée dans le roc ouvre passage sur une autre vallée qu'emplit un magnifique circuit de l'Our. A six heures, après avoir passé l'Our à gué, nous arrivions à Falkenstein. La première fois que j'ai approché de cette ruine, en 1863, j'étais avec Charles. La pluie nous fit rebrousser chemin avant d'être arrivés au haut de la colline. Cette fois encore même aventure. J'ai retrouvé l'arbre sous lequel je m'étais arrêté avec Charles pour dessiner la ruine. Je m'y suis abrité comme il y a huit ans, et j'ai dessiné le vieux burg. Il est toujours habité par les anciens seigneurs devenus paysans. Nous sommes revenus, maussadement reconduits par une ondée inhospitalière.

Aujourd'hui fête ici pour le jubilé de la 25ᵉ année de Pie IX. Il est le seul pape qui ait fait mentir le *non videbis annos Petri*. Ce matin on a tiré des boîtes et sonné les cloches. Ce soir la ville est illuminée. Mes hôtes avaient mis des lampions à mes fenêtres. Je les ai fait retirer, c'est l'anniversaire de la bataille de Waterloo.

20 juin. — Vianden est un pays de tanneurs. En nous promenant le long de la rivière, nous avons rencontré le séchoir d'un aveugle qui fait des mottes à brûler en pétrissant le tan dans un moule avec les pieds. Ce pauvre homme a fort intéressé Georges.

3 juillet. — En me levant j'apprends que l'orage d'hier a tué un homme sur la montagne. Un paysan avait oublié sa chèvre attachée dans un pré, tout au sommet. Au plus fort de la tempête, il est allé la chercher. Un coup de foudre a tué le pauvre paysan et la pauvre bête. On ne se figure pas Dieu dépensant son tonnerre à tuer un homme et une chèvre. Il a été frappé de la foudre au lieu dit *Fontaine-au-Chat*. J'ouvre une souscription pour sa veuve et ses enfants.

10 juillet. — Meurice et Mme Meurice sont arrivés. Nous dînons ensemble. A partir d'aujourd'hui ils sont mes hôtes.

12 juillet. — Pluie. Promenade mouillée, par le sentier de la colline à travers la forêt. Sur la montagne passe un paysan en blouse bleue, une branche de broussaille à la main, menant trois cochons. C'est le comte de Falkenstein. M. André, le gentleman prussien, châtelain de Roth, l'a accosté et lui a dit *Goodtag, Graf of Falkenstein.*

14 juillet. — Ce soir, j'étais rentré me coucher à dix heures. Je dormais. On frappe violemment à ma porte. Je m'éveille. Je vois une grande clarté. Il semblait qu'il fît soleil dans ma chambre. Il était minuit. Je vais à la fenêtre. Je l'ouvre. Lueur immense sur la ville, sur la montagne et sur la ruine. Je me retourne, et je vois à deux cents pas de la maison comme un cratère en éruption. Dix maisons brûlaient. Toutes à toits de chaume. La ville s'éveillait avec un bruit de fourmilière effrayée. La rue était pleine de femmes fuyant et d'hommes arrivant. On sonnait le tocsin. Le vieil évêque de pierre qui est au milieu du pont était tout rouge.

Je me suis levé et habillé, et j'ai roulé dans un mouchoir le manuscrit de *l'Année terrible*. A ce moment, Mariette est arrivée. La brave fille avait peur, pour nous seulement, pour Jeanne, pour moi. Je suis allé à l'hôtel Koch portant mon manuscrit. Tout dans l'hôtel était terreur et ténèbres. Je suis entré dans le couloir d'en bas en courant. Tout à coup je me heurte et je tombe. On venait de descendre une malle qu'on avait roulée au bas de l'escalier sans prendre la peine de l'éclairer. La chute fut rude. Pourtant je n'ai eu que trois contusions, aux deux genoux et à la hanche.

Ces dames étaient réveillées. Alice se trouvait mal. Les enfants dormaient. On poussait dans la rue des cris d'épouvante : *Feuer! Feuer!* au feu! au feu! L'incendie était tout près, mais le vent portait à l'est, ce qui diminuait notre danger.

Je suis entré dans une des maisons qui brûlaient. J'ai offert ma chambre à une jeune femme effarée qui avait dans ses bras un enfant. Puis j'ai organisé la chaîne. J'ai fait mettre les femmes et enfants en file jusqu'à la rivière pour les seaux vides et les hommes en file en face pour les seaux pleins. Je me suis mis du côté des seaux pleins. J'ai fait la chaîne depuis minuit et demi jusqu'à 2 heures du matin. A un seau par seconde, il m'est passé plus de cinq mille seaux par les mains. L'incendie, effrayant pendant une heure, s'est peu à peu circonscrit. Il y avait peu de vent. A 2 heures il était à peu près éteint. Je suis allé me coucher. M. Pauly, bourgmestre, était absent, je l'ai suppléé de mon mieux.

En faisant la chaîne, un paysan à côté de moi me disait : — Monsieur, nous sommes un pays religieux. Ma mère m'a conté (en ce moment le curé doyen de Vianden passait) qu'à un grand incendie de quinze maisons, qu'il y a eu de son temps, le curé est arrivé, au moment le plus terrible, portant la Très Sainte Hostie. Il l'a présentée à l'incendie, qui s'est éteint subitement. — C'est beau, lui ai-je dit. Hé bien, voilà votre curé, voilà un incendie, il est menaçant, il faut l'éteindre, pourquoi ne pas aller chercher l'hostie? — Il m'a répondu : *J'aime mieux l'eau.*

15 juillet. — Le bourgmestre, revenu ce matin, est venu déjeuner avec moi. Je lui ai conseillé d'ouvrir une souscription pour les pauvres incendiés, et je lui ai remis pour eux 300 francs.

16 juillet. — Excursion à La Rochette. J'ai tout revu avec émotion, le puits, les tours, la chapelle; j'ai vu cela pour la première fois avec toi, mon Charles.

J'ai dessiné la ruine.

17 juillet. — Excursion à Bourscheid. Nous sommes allés, non par Brandebourg, comme en 1865, mais par Diekirch et la route haute. Vue admirable de la ruine du haut de la montagne environnante. Vieille forteresse féroce. Un burg. Tout le onzième siècle avec ses spectres qui sont maintenant des tours. J'ai dessiné la tour d'entrée où il y avait, en 1865, deux femmes, la mère et la fille, réfugiées là comme deux orfraies. Le nid est resté terrible. Les femmes n'y sont plus.

23 juillet. — Je visite presque tous les jours les maisons brûlées dans la nuit du 14 au 15. Intérieurs sinistres. La vie toute récente et la mort toute chaude. Il n'y a plus de toits aux maisons ni de plafonds aux chambres. Des tas de cendres aux rez-de-chaussées, épais de deux ou trois pieds, résument toute la maison. Les portes et les fenêtres, qui ont été des vomitoires de flammes, sont calcinées. Dans des façades toutes rongées par le feu, il y a des croisées dont les carreaux ne sont pas cassés. Dans les arrière-cours où pleuvait la braise, des tas de fumier n'ont pas pris feu. Çà et là les poutres d'un plafond, restées à claire-voie et se découpant noires sur le ciel, ressemblent aux côtes d'un squelette. Des touffes d'herbe dans des coins sont restées vertes. — On a commencé la reconstruction. La souscription marche; le prince Henri des Pays-Bas, vice-roi du Luxembourg, a dit : *Je dois donner le double de Victor Hugo;* et il a donné 600 francs.

24 juillet. — Le curé de Vianden a dit hier dimanche en chaire : *Le diable avait sur la terre trois religions, les Luthéristes, les Calvinistes et les Jansénistes. Maintenant il en a une quatrième, les Hugonistes.*

Ce curé est un vieux brave homme qui possède la seule oie qu'il y ait dans Vianden. Il va dans les rues avec elle. Ils sont inséparables; tantôt l'oie suit le curé, tantôt le curé suit l'oie.

25 juillet. — Le jour du départ de Victor, comme nous étions dans la voiture, en route pour Diekirch, en montant la côte de Vianden, le cocher s'arrête brusquement, et fait pleuvoir avec une sorte de rage une grêle de coups de fouet sur un point de la route. Nous regardons et nous voyons une misérable bête se tordre sous le fouet au grand soleil. C'était une couleuvre qui traversait le chemin. Elle est restée là coupée en tronçons. J'ai dit au cocher : Pourquoi la tuer? — Il m'a répondu : Ces bêtes-là font peur aux chevaux.

28 juillet. — Hier un paysan entre dans le jardin de l'hôtel Koch où j'étais. Il s'approche et me dit :

Et s'il n'en reste qu'un, je serai celui-là.

Je le regarde; il ôte son chapeau.

— Salut, Victor Hugo, dit-il. Et il ajoute : On ne dit pas monsieur.

Je lui tends la main, et le voilà qui se met à me réciter des vers de la *Légende des siècles,* des *Châtiments* et des *Contemplations.*

Cet homme est vieux, en blouse et en sabots, et parle bien français. Je lui ai demandé : — Qui êtes-vous? Que faites-vous?

Il m'a répondu :

— Je cultive la terre et je lis Shakespeare en anglais et Victor Hugo en français.

Aujourd'hui j'ai dessiné la maison que j'habite.

1er août. — A 5 heures, M. Pauly nous a invités à une promenade en bateau. Nous sommes allés chercher le bateau à une portée de fusil en aval, tout près d'un barrage où il y a une petite chute. En entrant dans le bateau ces dames sont un peu tombées. M. Pauly a saisi l'aviron, mais l'eau était très grosse, et nous avons, malgré ses efforts, dérivé vers la chute. Cependant nous avons pu atterrir à la rive opposée, qui est un escarpement. Au pied de cet escarpement nul moyen de grimper. M. Pauly a essayé de gagner seul l'autre bord, mais il a dérivé et a dû se jeter à l'eau. Le bateau vidé a franchi la chute. Du reste c'était un bain pour M. Pauly, il n'y avait que trois pieds d'eau. Des enfants ont crié. Un homme du métier est venu à notre aide, on a traîné le bateau sur la prairie au-dessus de la chute, puis on l'a remis à flot, et l'homme est venu nous chercher dedans.

2 août. — Nous sommes allés par le haut plateau au-dessus de Vianden, route de Clervaux, puis à travers champs, à pied, voir une magnifique vallée de l'Our. Un cirque de hautes collines entourant comme un amphithéâtre une sorte de mont figurant un proscenium ou une estrade. Un peu en arrière de ce mont, la croupe escarpée qui porte la ruine de Falkenstein. Au fond, en bas, la rivière tordue comme une couleuvre.

4 août. — Nous sommes allés nous promener avec Petite Jeanne dans sa voiture. Arrivés à la frontière de Prusse, nous avons vu venir à nous M. André de Roth. Il nous a priés d'entrer chez lui. J'ai vu Roth; vieille église romane avec une abside très curieuse du 9e siècle à galeries superposées de cintres engagés. Ici le roman est presque encore romain. A côté, dans le mur extérieur, une pierre tombale du onzième siècle. Le clocher est du douzième. Le manoir de Roth est une ancienne commanderie de Templiers, puis de Malte. Il a encore très bon air. Dans l'intérieur quelques vestiges, des cheminées de pierre, une vis d'escalier en pierre sculptée; au

IMPRIMERIE NATIONALE.

dehors, quelques inscriptions. Il y a sur la porte d'entrée des trous de mitraille du maréchal de Boufflers qui mit une batterie sur la haute colline en face. Roth regarde deux vallées où coule l'Our. C'est très beau. M. André m'a conté la très curieuse noce du dernier comte de Falkenstein, devenu paysan.

7 août. — J'ai profité d'un rayon de soleil pour dessiner un aspect assez détaillé de la ruine de Vianden[1].

10 août. — Excursion sur la montagne. Retour au haut plateau d'où l'on voit Falkenstein. J'ai fait une ébauche de ce grand paysage. De là, nous sommes allés sur le plateau voisin d'où l'on voit Vianden. Nous sommes allés à pied jusqu'au bord de l'escarpement. Vue splendide. Rien de plus grand. Cette immense ruine dans cet immense entassement, ce donjon dans ce tas de collines, c'est mélancolique et sauvage. Un pas de plus et l'on voit la ville au fond de la vallée, et la rivière. C'est plus pittoresque et moins sublime. Il n'y a plus la solitude. L'homme apparaît. Il semble que Dieu, qui emplissait tout, diminue.

13 août. — J'ai dessiné sur mon livre de voyage la grande toile d'araignée[2] à travers laquelle on aperçoit la ruine de Vianden comme un spectre.

16 août. — Ce matin procession de Saint-Roch contre le choléra. Bannières. Cloches. Chants. Saint promené. J'ai un peu scandalisé les gens en demandant si on l'avait laissé entrer dans l'église avec son chien.

Promenade à Wallendorf. Au départ beau temps. Au retour tempête. Presque une trombe. Nous étions au grand galop sur la montagne. Il paraît qu'il y avait du danger. Éclairs aveuglants. J'ai pris mon caban, je me suis mis sur le siège dehors, et je les ai mis tous les trois dans la voiture bien fermée en leur décochant ce quatrain :

Puisque sur nous l'orage plane,
J'entends rester seul sur mon banc;
Je me fourre dans mon caban,
Fourrez-vous dans votre cabane.

Ces dames ont ri. Faire rire, c'est rassurer. L'averse était si formidable qu'il a fallu s'arrêter. Nous nous sommes remisés dans une ferme. Nous sommes rentrés à 8 heures du soir.

[1] Voir page 571.

[2] Ce dessin se trouve à la MAISON DE VICTOR HUGO.

20 août. — Hier j'ai été revoir Brandebourg. Route charmante, ruine superbe, entre deux ravins, l'un doux et vert, l'autre terrible. Le vieux burg est admirable. J'y ai fait trois dessins. Une porte, style Médicis, soutient une tour romane qui va crouler. Elle plie et fait ventre à droite et à gauche. Au fond de la ruine, une tour carrée du 10e siècle, tragique. A la porte de Brandebourg, un bas-relief romain en grès. Les savants du pays disent que c'est un autel du bœuf Apis, à qui un prêtre offre une pomme. C'est un zodiaque.

21 août. — Je suis allé à Roth. Vu l'église romane, malheureusement badigeonnée; beaux piliers et beaux chapiteaux. Le portail, refait fâcheusement au 18e siècle par le grand-père de M. André de Roth, pourrait aisément être rétabli. On voit sous le plâtrage rococo les pleins cintres romans. Dans le cimetière, vieilles croix gothiques. Au coin du cimetière, un tilleul aussi vieux que l'église. Un chicot du tronc dessine une gueule d'hydre ou du moins de grosse bête de la mer. Ce monstre animal sortant de ce monstre végétal est curieux.

Nous partons demain pour Diekirch.

23 août. — Nous avons quitté Vianden. A 1 heure 28 j'ai perdu de vue la maison que j'habitais sur le pont et où ma fenêtre était restée ouverte.

24 août. — Nous sommes partis pour Esch-le-Trou. Arrivés à midi et demi. On descend une grande côte, on longe une rivière, la *Sure* (ainsi nommée parce qu'il n'y est jamais arrivé d'accident), on passe un tunnel creusé dans le roc vif, et l'on entre dans une vallée assez sauvage. Il y a là, au-dessus d'un village, un vieux burg; une tour ronde et une tour carrée, toutes noires, se regardent des deux bords d'un précipice; derrière la tour carrée s'échelonnent sur les crêtes du rocher trois ou quatre autres tronçons de tours. C'est du 10e siècle et très farouche. Nous sommes montés au burg. Il est habité. Les paysans ont remis aux tours effondrées des toits de paille, et ils ont fait du donjon une énorme chaumière. Revanche du village sur la seigneurie. Rien de fauve et de misérable comme ces intérieurs. Une fille couche là dans un trou sans vitre sur de la paille presque en plein air, hiver et été. J'ai vidé là mon porte-monnaie. J'ai fait quelques croquis de toute cette ruine. Nous étions de retour à Diekirch à 7 h. 1/4 par un beau soleil couchant.

Le tunnel d'Esch-le-Trou me rappelle la coupure faite à ciel ouvert au rocher qui fermait la vallée de Vianden, où est maintenant la frontière de Prusse. Ce rocher a été dur à couper. Il a fallu le pic et la mine. Un des travailleurs a été lancé un jour par l'explosion de la mine du haut de la montagne au fond de la vallée au delà de la rivière. Il ne s'est fait aucun mal dans cette chute énorme. Il est encore vivant. Il y a de cela quarante ans. M. André m'a montré le trou de mine qu'on voit encore; M. André a été témoin du fait. Il alla voir l'homme qu'on venait de relever tout en vie. — *A quoi pensiez-vous en l'air?* lui demanda M. André. — *A ceci, qu'on était bien en l'air et mal sur la terre.*

25 août. — Excursion par Mersch au château en ruine d'Ansemburg. Mersch, je dessine le beffroi, le rocher-tour, belle ruine gâtée par un logis bourgeois. Marienthal, vallée magnifique, rochers comme des tours; Schœnfels, Belleroche, vieux château absurdement restauré. La ruine d'Ansemburg est admirable. Je la dessine. Forteresse du 14e siècle avec des choses de la Renaissance. Il y a un revenant.

Nous partons demain matin pour Mondorf.

[Séjour d'un mois aux eaux de Mondorf, près Altwies.]

28 août. — A Mondorf, aristocratie et bourgeoisie. Grande curiosité de me voir, mais curiosité hostile. Mariette a entendu un homme à qui un autre disait : *Tournez-vous, voilà Victor Hugo,* répondre : *Je ne le connais pas.*

Nous sommes allés à Aspelt. Il y a là une vieille croix de pierre, une église gothique avec clocher roman, et un château du seizième siècle, le tout en mauvais état. J'ai dessiné la croix, le clocher et le château. Un paysan est venu nous ouvrir. J'ai voulu lui donner une pièce de monnaie. Il a refusé et m'a dit : *Je voulais vous voir, je vous ai vu, je suis content.* — Je lui ai demandé : *Êtes-vous luxembourgeois?* — Il m'a dit : *Non, je suis prussien aujourd'hui. Mais français toujours.* — Je lui ai tendu la main qu'il a serrée les larmes aux yeux. C'est un lorrain cédé.

30 août. — Après déjeuner, nous sommes partis pour Thionville. Je raconterai en détail cette journée. J'ai vu cette ville que mon père a défendue en 1814 et 1815, et qu'on n'a pas prise. Elle est prise aujourd'hui; elle est plus que prise, elle est prisonnière. L'Allemagne la tient. Il y a une sentinelle prussienne aux portes.

La ville a été épouvantablement bombardée. La pluie d'obus a duré cinquante-trois heures. Sur toute la ville, environ quatre cents maisons, cinq seulement n'ont pas été atteintes; elles ont seulement leurs vitres brisées. Tout le reste mitraillé, écrasé, brûlé. La ville est morne, je devrais dire morte. Les habitants sont indignés et consternés. Partout des ruines. Pourtant on commence à rebâtir.

Nous sommes allés à la mairie; la maison de ville étant brûlée, la mairie se tient dans un logis quelconque sur lequel on lit ce mot écrit à la main au-dessus de la porte : *Mairie.* Nous sommes entrés dans une salle basse où des hommes étaient assemblés. J'ai demandé : *Quelqu'un pourrait-il m'indiquer la maison où a logé en 1814 et 1815 le général qui a défendu Thionville?* Un vieillard, le maire, m'a dit : *Le général Hugo?* J'ai répondu : *Oui.* Alors un d'eux, m'ayant reconnu, a dit à demi-voix aux autres : *C'est son fils, Victor Hugo.* Tous se sont levés. On a parlé. Mon père a laissé une grande trace dans cette ville. On l'admire et on le vénère. Ces hommes étaient les membres du conseil municipal. Ils étaient en séance. J'y étais entré brusquement. L'émotion était grande; un d'eux s'est écrié : *Si nous avions eu en 1870 l'homme que nous avions en 1814, Thionville ne serait pas aujourd'hui prussienne!* Un d'eux, un nommé M. François, s'est offert pour me conduire à la maison que mon père avait habitée.

J'ai demandé au maire, M. Arnould : *Où sont vos archives? Je voudrais voir les dossiers relatifs au siège de 1814 où mon père commandait.* — Il m'a répondu : *Nous n'avons plus d'archives. Tout est brûlé. Nous avions dans la grande salle de la mairie où se tenait le conseil municipal le portrait de votre père. La salle a été brûlée, le portrait aussi.* J'ai répondu : *Tant mieux. Du moins mon père n'est pas prisonnier de la Prusse. Il méritait d'être tué ici en effigie avec votre liberté.* L'émotion nous gagnait. Les yeux étaient humides.

Nous sommes allés rue des Vieilles-Portes, n° 326. C'est là qu'était, et n'est plus, la maison habitée par mon père en 1814 et 1815. Elle a été brûlée. On l'a rebâtie. Il en reste pourtant une grande porte cochère et la façade intérieure sur la cour, avec les écuries, les remises, les cuisines, petit corps de logis style Louis XIV, surmonté d'un jardinet en terrasse dont le haut mur laisse voir les arbres du rempart. Aux deux angles du petit jardin, il y a deux pavillons, même style, dont les vitres sont brisées par le bombardement. Entre ces pavillons une petite porte par où mon père allait sur le rempart auquel la maison est comme attenante. A l'intérieur il ne reste rien de ce qui a vu mon père, qu'un escalier de pierre et une petite glace trumeau encadrée d'une baguette dorée avec des bergers et des moutons peints dans le goût Louis XVI. La maîtresse du logis, jeune, nous parlait de mon père avec respect. C'est la tradition de Thionville.

Une vieille dame a connu mon père. Elle s'appelle Mlle Durand. Elle a aujourd'hui soixante-dix-huit ans. On m'a offert de me conduire chez elle. J'ai accepté. Un lycéen qui était là, coiffé d'un képi, figure intelligente, m'a prié de lui permettre de me conduire. Il est le petit-neveu de la vieille dame. Il nous a menés dans une rue voisine. Nous sommes entrés dans une maison de la Renaissance ayant encore ses pilastres et ses médaillons, mais badigeonnés en jaune et en blanc. On entre par un beau porche à voûte ogive. La vieille dame, prévenue de mon arrivée, m'attendait au rez-de-chaussée. Elle est infirme et marche difficilement. En 1814, c'était une belle jeune fille de vingt et un ans. Elle s'est levée, m'a fait la grande révérence lorraine, et m'a dit : *Ah! monsieur, je vous ai vu bien jeune.* C'est mon frère Abel qu'elle a vu. Je ne suis jamais venu à Thionville qu'aujourd'hui. Je ne l'ai pas détrompée, ce qui lui eût fait de la peine. En 1814, Abel avait seize ans, et était aide de camp de mon père. Il était officier depuis l'âge de quatorze ans, sous-lieutenant en sortant des pages du roi d'Espagne. Quand vint la Restauration, à seize ans, il avait déjà porté trois cocardes, la rouge d'Espagne, la tricolore de l'empire, la blanche des Bourbons. Ce n'était pas la faute de cet enfant.

La vieille demoiselle, très majestueuse et encore belle, m'a parlé de mon père. — *Il avait été si bon et si brave en 1814, qu'en 1815 la ville a redemandé à l'empereur le général Hugo. Il est revenu. Nous l'avons reçu en triomphe. Le jour de son arrivée, il est allé au théâtre. Toute la salle s'est levée en criant : Vive le général Hugo! J'étais là.*

Et la vieille dame pleurait. Je lui ai baisé la main. Victor aussi pleurait, et moi un peu.

La salon où nous étions est aujourd'hui moderne, mais il a été antique; il y a une magnifique cheminée du plus beau goût Louis XIV en marbre rouge avec médaillons de marbre blanc. Celui du centre qui est ovale représente Sémélé; cette cheminée monte jusqu'au plafond.

J'ai quitté la vieille dame très ému. Elle a fait effort pour nous reconduire jusqu'au perron de la cour. Son neveu, charmant adolescent, nous a un peu conduits dans la ville. Il y a une vieille tour dite la *Tour aux puces.* Le château, du temps de Charles-Quint, a de beaux restes. J'ai dessiné une tour, et une autre de l'entrée.

Thionville a de beaux restes de l'époque espagnole. Une des rues de la ville est remarquable par la quantité de maisons à portes basses et à tourelles engagées. J'ai dessiné une des masures du bombardement. M. François nous a menés à ce qui a été la maison de ville. Ruine. J'ai dessiné les quatre murs qui restent de la salle où était le portrait de mon père[1]. Il y a à côté un jardin, le jardin public.

Pendant que je dessinais, j'entendais des enfants dans le jardin chanter la Marseillaise. J'ai dit à M. François : *Cela fera de mauvais prussiens.*

[1] Voir page 573.

Chemin faisant, j'avais vu l'église. Elle est du mauvais style de Saint-Sulpice; mais le baldaquin rococo de l'autel est admirable. Il rappelle celui de Spire. Les voûtes ont des trous de bombes. Le cadran du beffroi a été brisé par un obus.

Georges et Jeanne ont fait émotion. On les entourait, on les admirait. Un officier prussien a dit à Georges : *Vous êtes un bel enfant. Donnez-moi la main.* Georges a croisé ses deux mains derrière son dos et l'a regardé fixement.

1er septembre. — En m'en revenant de Mondorf j'ai rencontré sur la route un cavalier, vieux, en blouse bleue, l'air militaire, deux pistolets à ses arçons de cuivre; soldat devenu paysan. Il m'a salué en passant; son cheval s'est arrêté, et a baissé la tête. Le vieux homme m'a dit : *C'est un gevał vranzais, il vous zalue.*

2 septembre. — L'évêque de Luxembourg, Nicolas Adamus, a refusé la musique qui avait donné *une sérénade à Victor Hugo.* Alors les habitants de Vianden ont crié sur son passage *Vive Victor Hugo!* Et il a quitté la ville. Le bourgmestre a déclaré qu'il rompait toute relation avec le clergé local. *Le West,* journal allemand et jésuite, a dit que j'étais *Satan en personne.*

3 septembre. — Nous sommes allés de Remich où l'on passe la Moselle sur un pont hollandais par un bout et prussien par l'autre, et de là à Nennig, où il y a des débris romains, un reste de palais, un bas-relief, un sarcophage en pierre, une colonnette étrange avec figure engagée, plutôt romane que romaine, de vieux murs, le parpaing d'une salle carrée avec tronçons de colonnes (une entière) et, dans un grand bâtiment construit exprès, une magnifique mosaïque romaine à médaillons, représentant les divers aspects du cirque, les gladiateurs s'entretuant, les bêtes s'entredévorant, les bêtes mangeant les hommes, les hommes tuant les bêtes, le gladiateur qui a vaincu le tigre et qui demande grâce, l'ours forcé à coups de fouet de manger un homme, le tigre dévorant l'âne, image involontaire de l'empereur et du peuple, le lion dompté par le belluaire, autre symbole, et la musique, un orgue hydraulique et un cor de chasse, sorte de trompette circulaire traversée d'une flèche. J'ai dessiné la tête du tigre et celle du lion. Cette mosaïque est très grande et admirable; elle a un aspect de grisaille que le temps lui a donné. Des paysans l'ont découverte à coups de pioche, et sans leurs coups de pioche elle serait intacte.

On m'a présenté le registre des voyageurs, je n'ai pas voulu y écrire mon nom, étant en Prusse.

Un peu de pluie, mais en somme beau temps. Nous sommes allés de

Nennig à Dalheim voir l'emplacement d'un camp romain. On y a élevé un pilier carré surmonté d'un aigle avec cette inscription :

ROME A CAMPÉ SUR CE PLATEAU

Dans le village, un rocher mêlé de restes de maçonnerie romaine est curieux.

9 septembre. — Nous sommes allés à Rodemach. Rodemach est célèbre parce qu'en 1814 une garnison de 75 hommes détachée de Thionville et mise dans Rodemach par mon père a tenu tête à 45,000 allemands. A l'heure qu'il est Rodemach est démantelé. Ce vieux bourg a encore un grand aspect. Un reste d'enceinte du treizième siècle avec porte de ville entre deux tours rondes, un reste de haute muraille qui a été la citadelle des 75 hommes de mon père; tout cela est saisissant. Dans l'intérieur il y a quelques vieilles maisons, une entre autres avec un joli porche de la Renaissance. Je retournerai à Rodemach.

J'ai dessiné la porte entre deux tours.

12 septembre. — Ce soir, comme je revenais du bain, la nuit tombait, j'étais arrivé à un lieu assez sauvage où il y a un entrecroisement de routes au pied d'une haute colline de roche. J'avais remarqué là une cabane d'aspect farouche, quatre murs, une porte, une fenêtre, la paille pour toit, le rocher pour plancher. En passant devant cette cabane, j'ai entendu des cris désespérés. J'ai regardé dans le crépuscule. C'était un petit garçon de quatre à cinq ans, en haillons, qui pleurait, criait, et frappait des poings et des pieds la porte de la cabane. J'y suis allé. J'ai soulevé le loquet, la porte était fermée. J'ai dit à l'enfant : Viens à moi. Alors il s'est sauvé dans le rocher derrière la masure comme un chat sauvage. Je l'ai fait revenir en lui tendant une pièce de monnaie. J'ai encore essayé d'ouvrir la porte. Inutile. J'ai frappé. Il n'y avait personne dans la maison. L'enfant s'est remis à crier et à frapper la porte. Il avait peur de moi, parlait allemand, et ne voulait pas me suivre. Je suis allé jusqu'aux premières maisons d'Altwies qui est tout proche. Mais là, personne ne me comprenait. On ne parle qu'allemand. Enfin j'ai déterminé deux jeunes filles à me suivre jusqu'à la masure. On entendait toujours les cris de l'enfant de la nuit. Il semblait et se croyait abandonné; les jeunes filles lui ont parlé. Elles lui ont pris chacune une main, et il s'est laissé emmener. Je l'ai suivi. Elles l'ont fait entrer dans une maison, et une vieille femme qui était sur le seuil m'a dit en français que le père et la mère étaient là. Mais pourquoi avoir laissé dans cette solitude le pauvre petit?

13 septembre. — Nous sommes allés à Schegen. J'ai dessiné la vieille tour qui est vraiment très rare et très belle. Elle est du treizième siècle et à demi couverte de lierre.

18 septembre. — Lettre de Berne. Il paraît que les journaux de Paris me disent très malade. *Paris-Journal* donne des détails. C'est d'une pleurésie que je serais en train de mourir.

24 septembre. — Nous partons à 6 heures du matin pour Reims par le chemin des Ardennes. Nous avons traversé le champ de bataille de Sedan. Le chef de train nous l'a expliqué. La plaine est couverte de petites éminences couvertes de touffes de chanvre qu'on y a semé. Ce sont des tombes. Dans une petite île de la Meuse, il y a quinze cents chevaux enterrés. La place est marquée par l'épaisseur de l'herbe. Tout ce pays est sombre et a un air indigné.

A l'horizon on voit sur une hauteur dans un bois le château où était logé Guillaume, et sur une colline plus basse, dans un autre bois, le château où Bonaparte est venu signer la capitulation. On distingue des faîtes aigus. Ce château, nous dit le chef du train, se compose de quatre tourelles reliées par des ponts. Je vois en effet les toits pointus des quatre pavillons. Les deux châteaux appartiennent aux deux frères. Ces deux autres frères, Guillaume et Bonaparte, y ont signé une paix qui sera la guerre.

Un peu plus loin, au bord d'une route près de Donchery, nous avons aperçu la maison, une auberge, où Bonaparte a rendu son épée. C'est du moins ce que nous a dit le chef du train. Je crois qu'il se trompe. C'est à cette auberge que Bonaparte a rencontré Bismark et c'est dans le château qu'il a rendu son épée.

Arrivée à Reims à 3 heures.

C'est la quatrième fois que je vois Reims. La première fois, en 1825, je venais d'être nommé, en même temps que Lamartine, le 16 avril 1825, membre de la Légion d'honneur. J'avais été invité au sacre de Charles X par lettre close du roi. J'étais avec Charles Nodier. Cailleux et Alaux le romain nous accompagnaient. Nous logions chez Salomé, directeur du théâtre et ami de Taylor. Nous campions.

La seconde fois, en 1838, je venais de terminer *Ruy Blas*, le 11 août, je voyageais pour me reposer. Le 28 j'étais à Reims. J'ai entendu de là le canon braqué sur la place annoncer la naissance du comte de Paris.

La troisième fois, en 1840, je n'ai fait que traverser en poste la place de la cathédrale.

Aujourd'hui, en 1871, je reviens vieux dans cette ville qui m'a vu jeune, et au lieu du carrosse du sacre du roi de France, j'y vois la guérite blanche et noire d'un soldat prussien.

Nous avons été voir l'église. C'est toujours la merveille qui m'a ravi il y a cinquante ans. Cependant une restauration froide lui ôte un peu de ce mystère que le temps lui avait donné. Je ne sais quel archevêque idiot a fait remplacer par une grille le mur de l'archevêché où était adossée une charmante construction de la Renaissance, tout près de la façade de la cathédrale. C'était un bijou près d'un colosse. Rien de plus charmant que le contraste. Il a disparu. C'est un des effets de la restauration peu intelligente à laquelle la cathédrale est en proie. Dans l'intérieur, tapisseries magnifiques du 15e et du 16e siècles. Les vitraux sont ce que je les ai vus, splendides.

J'écris ceci le 25 au matin, avec le soleil levant et la cathédrale devant les yeux. Ma chambre (n° 36) donne sur la place. Les corbeaux et les hirondelles volent à leurs nids, les corbeaux dans les tours, les hirondelles sous les portails. J'écoute les cloches. Elles sont deux qui dialoguent, une grosse et une petite. La grosse dit : *Oh! que je t'aime!* la petite répond : *Oh! que non.*

L'auberge du *Lion d'or* a pour compensation la cathédrale. On y dîne mal, mais on y est ébloui. Mauvais gîte, mais belle façade.

ILLUSTRATION DES ŒUVRES

REPRODUCTIONS ET DOCUMENTS

DESSINS DE VICTOR HUGO

Château de Nemours. — Albums, 1844.

Église de Nemours. — Albums, 1844.

Sur la Moselle. — Carnets, 1863.

Le Rheinfels. — Maison de Victor Hugo.

Rudesheim. — Albums, 1864.

TERMONDE, 7 OCTOBRE. — ALBUMS, 1864.

Ruines à Antoing. — Albums, 1864.

Ruine de Vianden. — Maison de Victor Hugo.

THIONVILLE. LA MAIRIE INCENDIÉE. — MAISON DE VICTOR HUGO.

dans le même coin il y a une ceinture
de fer avec vis et écrou

plus deux chapeaux de fer qui ressemblent
à deux boucliers.

Tout cela était destiné à la femme adultère
assistée par les siens. On lui mettait
la ceinture au ventre, les pierres
au cou et le chapeau sur la tête
ainsi accablée de deux cents livres
de fer, on la faisait marcher ainsi
dans la ville à grands coups de fouet.
On infligeait le même supplice aux huguenots.
L'hérésie au midi était punie des
mêmes peines que l'hérésie à Oden-
[illegible] les [illegible] sont aujourd'hui
rongés de rouille. Tout cela [illegible]
et tous les préjugés aussi. En
sortant de l'hôtel de ville, le bourgmestre
nous a conduits chez lui où nous avons
été reçus par sa vieille mère très cordiale
on a bu du vin du Rhin. beaucoup de
bouteilles étaient là. J'ai bu à la
santé de la vieille dame et à la
prospérité de la vieille ville — Puis

FAC-SIMILÉ D'UNE PAGE DU CARNET DE VOYAGES, 1867. (VOIR PAGE 534.)

NOTES

DE CETTE ÉDITION

IMPRIMERIE NATIONALE.

LES MANUSCRITS

DE

FRANCE ET BELGIQUE. — ALPES ET PYRÉNÉES.

VOYAGES ET EXCURSIONS.

Il n'y a pas, à proprement parler, de description du manuscrit pour ce second volume de voyage; il y a vingt manuscrits épars : lettres, carnets, feuilles détachées, albums; tout a été collationné et consulté, mais ces documents disparates ne composent pas un manuscrit.

L'éditeur Urbain Canel, qui devait publier le *Fragment d'un voyage aux Alpes,* a-t-il égaré le manuscrit de 1825? Jusqu'à présent l'original n'a pas été retrouvé, et nous avons dû, pour la collation, nous reporter aux extraits de la *Revue de Paris* et de la *Revue des Deux-Mondes* qui, à deux années de distance, ont donné chacune une partie du récit cité par Mme Victor Hugo dans le tome II de *Victor Hugo raconté par un témoin de sa vie.*

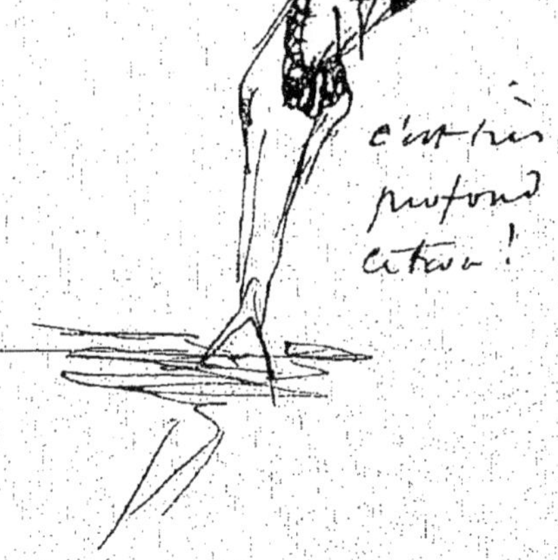

La partie : *France et Belgique* est, sauf quelques notes extraites des ALBUMS, composée de lettres adressées à Mme Victor Hugo; nous ne croyons pas qu'en 1834 et 1835 Victor Hugo écrivait avec l'intention arrêtée de publier ses voyages. Le papier varie selon l'auberge choisie, ou subie, par Victor Hugo au hasard de la route.

Voici, d'après le petit carnet de poche où Victor Hugo inscrivait ses dépenses, en 1836, la caricature d'un voyageur effaré devant la profondeur d'un précipice.

C'est seulement pendant le voyage de Belgique que les lettres s'enrichissent de croquis, de dessins soulignant et commentant le texte; nous les avons reproduits au fur et à mesure; Victor Hugo n'emportait pas encore d'album et dessinait, de mémoire sans doute, en écrivant à sa femme. Quelques dessins séparés sont envoyés aux enfants dans les lettres adressées à leur mère.

La première lettre publiée dans la partie intitulée *Alpes et Pyrénées* porte le numéro 6; les cinq premières ont été publiées par Victor Hugo dans *le Rhin*.

Outre les lettres à Mme Victor Hugo nous avons, pour l'année 1839, quelques feuillets de notes et deux albums de voyage; le premier, estampillé à la Bibliothèque nationale sous le chiffre 8, est rempli de notes en tous sens (quelques-unes barrées), de dessins ébauchés, recommencés quelques pages plus loin, de croquis à l'encre ou au crayon.

Des pensées, des vers, le plus souvent étrangers au voyage, sont jetés au hasard de la page ouverte; des feuilles, des petits bouquets de fleurs sont restés collés à des pages blanches.

Nous avons donné, soit dans le texte, soit dans les illustrations, les principaux dessins et croquis des albums de voyage; nous en noterons ici les particularités les plus intéressantes.

Dans l'album de 1839, quelques feuillets sont en partie coupés, d'autres arrachés; sans doute Victor Hugo aura détaché et envoyé un dessin; à la troisième page, cette réflexion sur Lyon :

16 octobre : Lyon. — Il est impossible de se figurer dans une situation qui soit plus pittoresque une ville qui le soit moins.

A la fin de l'album cette ligne complémentaire :

Lyon est sous un nœud de nuages.

Une accolade précédée de l'indication : *Comédie,* réunit ces quelques vers :

Il m'a, d'un coup de trique,
Fait courir dans les reins un frisson électrique.

L'un jouait de la harpe et l'autre de la flûte.
C'était à faire fuir tous les chiens du quartier.

Au-dessus de ces vers quelques lignes :

Le fléau de la Belgique c'est le marbre bleu, le fléau de l'Alsace c'est le granit rouge. Toute l'architecture officielle en est faite. On rencontre çà et là des péristyles et des colonnades, des douanes, des casernes, des collèges, un tas de temples grecs lie de vin où sont logés les préfets, les octrois, les gendarmes, et qui sont du plus odieux effet. Il y a à Strasbourg un théâtre sang de bœuf qui est une abominable chose.

Cependant, il faut le dire à la louange de ce granit, nu il est hideux; ouvragé, sculpté, fouillé, il devient beau. Comme il contient beaucoup de fer, il prend avec le temps une teinte oxydée qui donne aux édifices je ne sais quelle apparence robuste et sévère. Le Munster est couleur rouille. Cela mêle dans l'esprit l'idée du fer à celle du granit et ne nuit pas à la rude majesté de la cathédrale.

Puis des pensées :

Ce qui est presque n'est pas.

Japhet a produit les rêveurs et les conquérants ; Sem les bergers, les marchands et les marins ; Cham les brigands et les esclaves.

Dieu a fait l'Asie pour les arbres, l'Afrique pour les tigres, l'Amérique pour l'Europe, l'Europe pour le monde.

Une religion, c'est une lunette pour voir l'étoile.

Je l'ai répété souvent, la nature est pleine de pensée ou, pour mieux dire, la nature est une pensée. Cherchez le sens des choses, vous comprendrez le but de l'humanité. Réfléchissez sur les aspects de la création, vous trouverez toute une philosophie.

Vivre, c'est regarder devant soi. Du moment où vous commencez à regarder en arrière, vous commencez à mourir. Il n'y a parmi les hommes que deux grandes divisions : ceux qui vivent et ceux qui survivent.

Naples est un lit, Rome est un tombeau.

Il y a un art de jeter dans la conversation des mots qui sont comme des sondes et qui vous font connaître la profondeur des hommes comme on connaît celle de la mer.

Que les fruits tombent, c'est tout simple, mais que l'arbre meure, c'est triste.
Si ce n'était que les édifices, ce ne serait rien ; mais c'est l'architecture qui s'écroule.

Le feuillet 14 est orné de masques grimaçants ; deux surtout sont très réussis :

Après sa visite à Toulon, Victor Hugo fait la description d'un vaisseau de ligne. Tout ce passage est entouré et, en travers, sur l'écriture même, est tracé le nom de *Jean Tréjean,* titre primitif des *Misérables*. On retrouve cette description mot pour mot dans la deuxième partie des *Misérables,* livre II, chapitre II.

C'est de cet album que sont extraits les deux dessins hors texte, pages 447 et 448, exécutés sur place en allant visiter la prison du Masque de fer.

A la dernière feuille de garde, notes sur Avignon. Elles ont été transcrites et développées sur un feuillet séparé. Nous les avons citées page 226.

Le second album de 1839, inscrit sous le numéro 1, est d'un format plus petit; la première date est : *19 octobre.*

Pas de dessins, on ne voit plus que la trace des pains à cacheter qui fixaient de petits dessins aux feuillets restés vides. Presque tout le texte a été publié dans la partie du voyage : *Midi de la France et Bourgogne.*

Nous détachons de cet album quelques maximes et quelques pensées :

Un état est perdu quand les honnêtes gens ont tant de lâcheté et les gredins tant de courage.

Noble au dedans, digne au dehors. La dignité est le vêtement de la noblesse.

Qui gloire a guerre a.

L'enthousiasme est la vertu de l'esprit.

Presque toutes les découvertes sont des Amériques. Celui qui les trouve n'est pas celui qui les nomme.

A la page 41, cette ligne au crayon :

Persévérance. Mot très long qui fait de très grandes choses.

L'évêque Myriel, dans la première partie des *Misérables,* dit textuellement ces phrases :

Je ne suis pas en ce monde pour garder ma vie, mais pour garder les âmes.

C'est peut-être de ce troupeau de loups que je suis le pasteur.

Jamais de précautions contre le prochain. Bornez-vous à prier Dieu, non pour vous-même, mais pour que votre frère ne tombe pas en faute à votre occasion.

Les dernières pages de l'album contiennent quelques notes à peine lisibles sur le château de Fontainebleau.

Pour le voyage de 1843, pas de lettres, sauf celle adressée à Louis Boulanger. Le texte est tout entier dans deux albums de format différent et dans un petit carnet de poche non relié et formé de quelques feuilles volantes bleues et blanches pliées en deux. Les albums, rédigés certainement en vue de la publication, constituent un véritable manuscrit.

Le premier album, inscrit sous le n° 7, est paginé par lettres alphabétiques de A à Z, puis l'alphabet terminé, une seconde série commence depuis A² jusqu'à H².

A l'intérieur de la couverture, après l'adresse :

Victor Hugo, 6, place Royale.

le poète a mentionné pour mémoire certaines vérifications à faire :

Vérifier :

Premières lettres sur l'Espagne.	Les anciennes limites du Guipuzcoa. Si Bagnères a eu l'esprit républicain comme Andorre? Si l'on écrit les monts Jaïtzquivel ou Iaitzquivel.
Lettre sur Pampelune.	Quelles sont les tombes de Brou et de Bruges. Chercher les détails de la bataille de Tolosa. Et ce que veut dire la Virgue del Amparo.
Lettre sur Pasages.	Page Y. Chercher *Catius* parmi les auteurs latins. Vérifier *Catius spectra.*

Puis vient la récapitulation de ce que contient l'album :

TABLE.

Ce volume contient :

Des pièces de vers entières : pages A, D, E, F [1].

Des fragments de vers : pages B, G.

Des fragments de prose (pensées et rêveries) : pages H, I.

Maglia : pages C, K.

Le journal du voyage, pages :

A, B, C, D, *La Loire et Bordeaux.*

O jusqu'à L : *Bayonne et les Landes.*

L jusqu'à P : *Biarritz.*

P : *Le Chariot à bœufs.*

P, Q, R : *Saint-Sébastien.* (1re lettre. La seconde est à faire avec les matériaux du deuxième album.)

S jusqu'à Y : *Pasages.* (La lettre n'est pas terminée. La page blanche Z est réservée pour la finir. Sur la page jaune qui suit, il y a des notes au crayon qui sont copiées.) [2]

A², B², C², D² : *Pampelune.* (1re lettre. La deuxième est dans le 2e album.)

E², F² : *Leso.* (Guipuzcoa.)

G², H² : Un fragment non terminé sur la nécessité des dogmes et des mystères [3].

Çà et là des dessins.

(1) Ces quatre pages manquent. Nous avons d'ailleurs retrouvé dans le manuscrit des *Quatre vents de l'Esprit* un feuillet de cet album de 1843.

(2) La page Z est restée blanche; le texte de la page jaune a été publié.

(3) Ce fragment sera publié ultérieurement dans un des volumes d'œuvres posthumes.

Essentiel : Il y a quatre dossiers :

1° *Pasages.* Notes [1]. — Et la lettre commencée à Boulanger sur Cauterets avec sa copie.

2° *Cauterets.* Notes écrites en marchant. Copies. Les originaux sont dans le portefeuille, mais au crayon et illisibles [2].

3° *Le dos scié.* Très important à lire et à consulter.

4° *Inchoata.* N'a pas trait au voyage. Choses diverses. Quelques lignes de prose. Surtout des vers.

Au courant de cet album nous trouvons quelques ajoutés et quelques ratures, notamment dans les lettres de Bayonne 23 juillet, Saint-Sébastien, août. Pour la lettre datée de Pampelune les intercalations, sur papier pelure bleu-ciel, collées sur les pages de l'album, sont très importantes ; l'une d'elles datée 12 août comprend le texte de la page 379 de ce volume jusqu'à la page 382 ; une autre prend à partir des lignes où il est question des tombes de Marie de Flandre et de Charles le Téméraire (page 388) et se termine à la citation des *Orientales* (page 393).

Dans cette même lettre de Pampelune, entre deux feuillets, est collé un petit billet écrit par la belle batelière qui avait «passé» Victor Hugo :

bueno para un beso que darè al señor
que me traera este papel.
Manuela Benturaz la
Catalana batelera del Pasages
nuebe de agosto mil ocho sientos
cuaneta i tres [3]

Sur la même page, encadrés dans le texte et datés de Pasages 6 août, on lit ces vers :

Au bord des mers quand on sommeille,
La nuit, tout caresse
Tout caresse ou berce l'oreille ;

[1] On n'a pu retrouver que la copie de ces notes avec des ajoutés de la main de Victor Hugo.

[2] Ce sont ces originaux qui forment le petit carnet de poche (l'un des plus intéressants) dont nous avons parlé page 583.

[3] «Bon pour un baiser que je donnerai au seigneur qui me montrera ce papier

Manuela Benturaz la Catalane,
batelière de Pasages
neuf août mil huit cent quarante-trois.»

C'est le bruit du vent sur les flots;
C'est le bruit des flots sur les grèves;
On entend, à travers les rêves,
Les chants lointains des matelots.

Plus loin, la moitié d'un feuillet coupé nous donne ces

ÉPITRES DE MAGLIA.

J'ai lu je ne sais où, mais dans un très bon lieu,
Que l'homme fait ses dieux de tout, hormis de Dieu;
J'ajoute ici que l'homme, ignorant sa richesse,
Met sa sagesse en tout, hormis dans la sagesse.

Que voulez-vous, mon cher? je suis un drôle d'homme.
Monsieur Rolle m'ennuie et monsieur Jay m'assomme.
l'esprit banal, le civisme banal
Je hais Paris, forum, marché, tréteau, journal.
Et je fuis le Gymnase
Je fuis le Vaudeville et le National.
Je viens ici...
....
Je franchis gués, ruisseaux, rochers, ravins bourbeux.
Je vais au flanc des monts par le chemin des bœufs.

... Lorsque tombe la nuit,
L'homme met son manteau, la femme met sa mante.
La ville au loin s'emplit d'une rumeur charmante;
On entend soupirer en de tendres ébats
Les guitares tout haut et les âmes tout bas.

Ce monsieur, pour parler en style diaphane,
S'appelle Théodore et rime avec un âne.

Nous trouvons, trois pages plus loin, une strophe datée de Saint-Sébastien, 30 juillet 1843 :

Et l'antique tilleul, sur cette antique église,
Comme pour l'embrasser, au souffle de la brise,
Penchait ses longs rameaux dorés par le ciel bleu,
Et j'avais le cœur plein de toutes les ivresses,
Car j'assistais, pensif, aux augustes caresses
Que la nature fait à Dieu.

Puis dans les dernières pages de l'album, des pensées; en voici quelques-unes :

Vous qui m'aimez, je n'ai rien fait qui mérite votre amour. Vous qui me haïssez, je n'ai rien fait qui mérite votre haine. Aimez-moi, je vous le rendrai. Haïssez-moi, je ne vous le rendrai pas. L'âme qui pense et le ciel qui éclaire sont deux choses sereines. Que Dieu soit loué!

L'amour est le soleil; la tendresse, la bonté, la douceur, la bienveillance, la cordialité, l'indulgence, la pitié, la charité, le dévouement, l'enthousiasme, la joie, sont les rayons.

Il y a deux façons de n'être d'aucun parti : comme les femmes et les enfants, parce qu'on n'en a examiné aucun; comme les penseurs et les sages, parce qu'on les a examinés tous.

En espagnol *aimer* et *vouloir*, c'est le même mot : *quérir.*

La brute vit plus près de la nature; l'homme vit plus près de Dieu.

Sauvez les apparences, le monde ne vous demande rien de plus; c'est-à-dire n'en gâtez pas d'autres.

Puis après quelques phrases de dialogue pour une comédie projetée, des remarques sur l'étymologie des villes traversées :

Fontarabie vient-il de *fuente à rabbia,* fontaine qui guérit la rage, ou de *fuente a raba, fontaine arabe,* ou de *fuente a rabbi,* fontaine à rabbin à cause des ablutions qu'y faisaient les juifs?

Auch vient-il d'Auguste qui l'affranchit et lui donna les privilèges romains, ou d'*Auscia,* nom du peuple dont elle était la capitale?

Vicomte vient-il de vice-comes, ou de vici-comes? — on dit encore dans la vallée de Bagnères un *vic* pour désigner le chef-lieu de plusieurs villages. — Dans ce dernier cas, vicomte signifierait comte du bourg et aurait le même sens que burgrave.

Enfin, un quatrain local :

M. Viennet qui est de race noble et antique comme le prouve cette chanson locale :

Quand Richard Plantagenet
Voyait passer un Viennet,
Il lui ôtait son bonnet
Et l'appelait grand benêt.

Enfin 26 dessins, dont quelques-uns très importants, illustrent cet album; nous les avons tous reproduits, soit dans le texte, soit dans l'album de gravures.

A la première page du second album de 1843, cette ligne, écrite de la main de Victor Hugo :

Deuxième album. — Acheté à Pau le 14 août.

Cet album comprenant 49 pages est, comme le précédent, paginé par lettres alphabétiques, ce qui permet de constater que beaucoup de feuillets ont été enlevés; prenons un exemple : on compte trois séries de l'alphabet; la dernière page est chiffrée F^3; cependant on passe brusquement de la page U^2 à E^3, ce qui suppose huit pages coupées; ces feuillets manquants vont amener des lacunes dans la liste suivante, écrite par Victor Hugo au verso de la page 1 :

Cet album contient beaucoup de choses commencées et beaucoup de notes. Il est important à feuilleter et à consulter. Il y a aussi plusieurs morceaux terminés.

TABLE.

Arrivée de M. Michel à Cauterets : pages A, B [1].

Un commencement de lettre pour le voyage : page K.
Journal du voyage : La 2e lettre sur Pampelune, page O.
La cabane dans la montagne : page B^2.
Le commencement de l'excursion à Gavarnie : pages J^2, K^2.

Notes pour achever la rédaction du voyage :
Espagne : verso de la page M^2, page N^2.

Entrée en Espagne (De Bayonne à St-Sébastien) (ceci doit être mis immédiatement après la 1re lettre de St-Sébastien, 1er album), pages R^2, S^2, T^2.

Rentrée en Espagne par les Pyrénées (à faire [2], Aventure de Pampelune) : pages M^2, N^2.

France :
De Bayonne à Pau : verso de la page T^2.
De Pau à Cauterets : page U^2.
Lac de Gaube. Gavarnie. Luz : verso de la page N^2, pages O^2, P^2.
Tarbes, Auch, Périgueux, Angoulême, Saintes : pages P^2, Q^2.
L'île d'Oléron (rédigé) : pages M, N.

Vers :
Pièces entières : pages V^2, C^3.
Fragments : pages Z^2, A^3, B^3.
Maglia : page D^3.
Pensées çà et là : page F^3.

---

(1) Ce récit, non terminé, sera publié ultérieurement dans *Choses vues*.

(2) Cette partie du voyage n'a jamais été rédigée.

On remarquera que, de la dernière division de la table, il ne reste dans l'album que la page F[3] (*Pensées çà et là*); les autres pages ont été coupées et les vers ont dû être utilisés du vivant de Victor Hugo dans quelque recueil.

A la page C, portrait du muletier borgne, reproduit page 451 de cette édition; quelques feuillets plus loin, un curieux croquis représente une tête de mort au pied d'un arbre. Quelques lignes commentent ce croquis :

C'était l'heure de la sieste. Il était midi, le soleil en plein triomphe resplendissait. La plaine immense et nue avait l'haleine d'une bouche de four. Il cherchait un arbre à l'ombre duquel il pût dormir et se reposer. Il rencontra un mancenillier.

Plus loin, une marine datée du *26 mai 1856. Hauteville. De ma fenêtre.*

Ce sont, avec un petit croquis de Pampelune, publié page 382, les seuls dessins de cet album.

Voici le commencement de lettre annoncé dans la table à la page K :

Comment va Paris et qu'y faites-vous tous? Voilà deux mois que je n'ai lu un journal et je ne sais rien si ce n'est que le soleil est éblouissant, le ciel bleu, la mer grande, la montagne admirable. Je sais tout de Dieu et rien de l'homme. Eh bien! je vis.

Qu'en dites-vous? N'ai-je pas l'essentiel? Ne vaut-il pas mieux regarder les Pyrénées que les Chambres? Un sapin penché sur une cascade n'est-il pas plus beau à voir que les lois qu'on fait? L'océan que Dieu agite n'est-il pas plus grand que cette foule où se démènent tant d'intérêts, où surnagent si peu d'idées? A tout prendre, je vis comme un loup, et je trouve cela bon.

En marge, au crayon, cette indication :

Lettre du 27 août à M. Alphonse.

Des dernières pages de l'album, nous détachons quelques pensées :

L'amour est un immense égoïsme qui a tous les désintéressements.

Chose étrange que la jalousie, qui est la maladie de l'amour, en soit aussi la condition!

Une réaction : barque qui remonte le courant, mais qui n'empêche pas le fleuve de descendre.

Ronces, épines, pierres, cailloux, escarpements, fondrières, inconvénients et conditions des grandes renommées. Ce qui ferait la laideur d'un jardin fait la beauté d'une montagne.

La première lueur du matin est lugubre comme le premier cri de l'enfant est douloureux. Mystère.

Notre vie ressemble à ce sombre tunnel de Londres au-dessus duquel coule la Tamise et vont et viennent les marées de l'Océan. Au-dessus de notre vie coule à pleins bords la destinée irréparable, agitée elle aussi par de mystérieuses marées qui viennent de Dieu. Prenez bien soin de la voûte; à la moindre fissure, en un instant, avec la brusquerie formidable de l'éclair, le fleuve entre dans le tunnel et l'irréparable dans la vie.

Il faut passer peu de choses aux nouveaux domestiques et en passer beaucoup aux anciens.

Hautes et généreuses natures, si loin que vous soyez de l'homme à ces hauteurs qu'habitent les âmes sereines, quand l'œil du génie vous rencontre, réjouissez-vous, vous serez contemplées et comprises, et quand ce regard souverain tombe sur vous, êtres méchants, si petits que vous soyez, tremblez! Vous aussi vous serez étudiés et traînés au grand jour. Les grands esprits ont ce don qu'ils appliquent avec la même puissance, pour les développer et les faire saillir, aux beautés et aux laideurs. Ils font également voir par leur faculté grossissante les mystères du rayonnement et les secrets de l'horrible. Ils sont télescopes aux astres et microscopes aux poux.

Les ergoteurs et les controversistes sont les culs-de-jatte de l'esprit humain marchant sur deux béquilles qu'ils appellent l'une le syllogisme, l'autre le dilemme.

Ces deux béquilles, voilà ce que la logique des écoles offre à la pensée après lui avoir coupé les deux ailes qu'elle a et qui se nomment l'imagination et la méditation.

Le malheur des poëtes est qu'ils ne vieillissent qu'à la surface. Leur cœur reste frais et rayonnant tandis que leur visage se ride et se ternit : ils souffrent alors, car ils continuent d'aimer comme à vingt ans la beauté qu'ils n'ont plus.

L'imagination est une jeunesse intérieure. Don fatal.

Il y a une façon de mal parler d'un homme, à laquelle on reconnaît tout de suite une femme dédaignée. S'attaquer aux endroits inavoués et sensibles, s'en prendre à certains traits de sa figure, à certains détails de sa toilette, à sa conversation, à son linge, à son odeur, lui prodiguer toutes les qualités qui sont laides et tous les vices qui sont ridicules, le déclarer ladre, pingre, avare et ennuyeux, rire des maîtresses qu'on lui prête et des dettes qu'on lui suppose, des gants qu'il porte et des largesses qu'il fait, ce sont là autant de manières de dire : il n'a pas voulu de moi. La grosse calomnie à coups de massue, c'est le passe-temps des bavards; la calomnie à coups d'épingle, c'est la vengeance des femmes. Observateurs, mesurez toujours la grandeur de la haine à la petitesse de la calomnie.

L'art a pour résultat, lors même qu'il ne l'a pas pour objet apparent, l'amélioration de l'homme.

Un lien intime et réel, quoiqu'il échappe souvent aux esprits superficiels, mêle le beau d'un côté au vrai, de l'autre à l'honnête.

L'intelligence et le cœur sont deux régions sympathiques et parallèles; l'une ne s'élargit pas sans que l'autre s'agrandisse; l'une ne se hausse pas sans que l'autre s'élève.

Dans le domaine de l'art, il n'y a pas de lumière sans chaleur.

Les chefs-d'œuvre, parfois même sans que la volonté de leurs auteurs y ait part (ô infirmité du génie!), dégagent continuellement, mystérieusement, divinement, et répandent, pour ainsi dire, dans l'air autour d'eux une moralité pénétrante et saine.

Celui qui passe auprès d'eux et qui respire leur atmosphère s'en imprègne à son insu. Il n'a voulu que devenir plus intelligent; il devient meilleur. Son éducation se fait de tous les côtés à la fois. La civilisation s'exhale de l'art comme le parfum de la fleur.

Le petit carnet n'est pas moins intéressant que les deux albums; il ne quittait pas la poche de Victor Hugo, et durant tout le voyage de 1843, depuis le départ jusqu'au retour, ce petit cahier de papier bleuté ou rose pâle a reçu les premières impressions du voyageur. Telle ligne crayonnée en hâte contient en germe le récit rédigé sur l'un des albums décrits précédemment. Très peu du texte publié; quelques notes qu'on a lues pages 357 et 416.

Les croquis publiés pages 358 et 406 représentant l'un un montagnard aragonais, l'autre un rocher de forme bizarre sont extraits de ce petit cahier; voici un autre aspect de la montagne; ce n'est plus « le dogue qui aboie à la haute mer », mais à coup sûr c'est le mufle d'un animal fantastique.

Voici une maison de Cauterets; sous les traits fins de la plume, on distingue encore sur l'original les contours au crayon.

Mais ce qui pousse à feuilleter ce carnet avec respect, presque avec religion, c'est une page datée du 12 septembre, jour où Victor Hugo apprit brusquement la catastrophe de Villequier; le père restait poète et, dans son accablement, dans son désespoir, sa pensée se manifeste dans la forme qui lui est naturelle, familière, on pourrait presque dire involontaire, il écrit ces vers :

12 septembre.

Je suis, lorsque je pense, un poëte, un esprit,
Mais, sitôt que je souffre, hélas! je suis un homme.

N'ayant pu la sauver, il a voulu mourir.

Quand tu la contemplais, cette Seine si belle,
Rien ne te disait donc : ce sera ton tombeau?

Henri, roi d'Angleterre,
Sur une « blanche nef » mit sa famille entière,
Et la nef s'abîma devant le roi Henri
Qui depuis ce jour-là n'a plus jamais souri.

Nous aimons nos enfants bien plus qu'ils ne nous aiment.

Pour établir la troisième partie de ce volume : VOYAGES ET EXCURSIONS, nous n'avons pas feuilleté moins de quinze albums et carnets de voyage, de 1840 à 1871.

1840. — Album vert foncé, cartonné. Nous avons extrait de cet album, et groupé dans ce volume, plusieurs chapitres sur *la Forêt Noire.* — A part ces chapitres inédits, on y trouve beaucoup de notes et quelques passages utilisés dans *le Rhin,* une poésie publiée dans *Toute la Lyre*[1], quelques vers publiés dans *Dernière Gerbe*[2] et ces deux vers qui ont trouvé place dans *les Burgraves :*

Descends le long du Rhin, du lac jusqu'aux Sept-Monts,
Et compte les châteaux détruits sur les deux rives[3].

Quelques considérations historiques sur la comparaison de la guerre sous les Romains et sous Napoléon seront publiées ultérieurement sous le titre : *Tas de pierres.*

Les pensées, trop nombreuses pour être reproduites ici, feront l'objet d'un chapitre spécial dans le prochain volume de philosophie. Détachons seulement cette pensée ou ce vers qui a directement trait à ce volume :

Quel est le voyageur qui n'orne pas un peu?

[1] *La France, ô mes enfants, reine aux tours fleuronnées...*

[2] *Le jeune chevrier rit dans les monts antiques...*

[3] *Les Burgraves,* acte I.

Puis, des souvenirs d'enfance :

Moi, jeune enfant pensif,
Blond écolier déjà distrait par la nature,
Tandis qu'interrompant quelque grave lecture,
Le maître nous parlait, souvent, au jour tombant,
Par la croisée ouverte en face de mon banc,
Je regardais, rêvant dans l'ombre un barbarisme,
Le couchant rubanné des sept couleurs du prisme.

... Pendant que mes frères et les autres
....
Jouaient dans le jardin ou sous le vieux rempart,
La Muse me tirait furtivement à part.

1844. — Les deux excursions à Nemours et à Montargis, publiées exclusivement dans la petite édition Hetzel-Quantin, sont extraites, ainsi que les deux dessins (château et église de Nemours, voir p. 557, 559), d'un album rouge en tête duquel on lit le récit des Funérailles de Napoléon[1]. Plusieurs pages blanches; quelques-unes devaient contenir des dessins qu'on a découpés et enlevés : le carré de papier manque au milieu de la page. Parmi quelques vers publiés, ce Refrain du matelot :

J'aime mieux marcher sur les pieds des autres
Que sentir les vôtres
Marcher sur les miens.

Une très jolie ébauche au crayon du château de Gien, et quelques pensées inédites et qui seront publiées ultérieurement, complètent cet album.

1849. — Quelques pages pliées en deux et ne contenant, à part le texte que nous avons publié, que le relevé des dépenses faites au cours de cette petite excursion.

1859. — Petit album de poche en cuir noir. Outre la relation de l'excursion de Serk, ce petit album contient beaucoup de vers raturés des *Quatre vents de l'Esprit* et de *la Légende des siècles* dont la première partie paraissait cette année-là, et une poésie publiée dans *Dernière Gerbe*[2]; en retournant la page où cette poésie est écrite au crayon, nous voyons un petit lapin dessiné au-dessus de la légende suivante :

8 h. 1/2. *La Coupée.* — Lapin qui est venu me regarder pendant que je faisais les vers qui sont de l'autre côté.

Quelques vers et quelques petits dessins; çà et là, des feuilles séchées entre les pages.

[1] *Choses vues.*
[2] *La Consolatrice.*

IMPRIMERIE NATIONALE.

1862. — A partir de 1862, Victor Hugo fait tous les ans, en été, un voyage de deux ou trois mois. Il emporte, pour ses comptes journaliers, un petit fascicule d'une centaine de pages non reliées, qui tient dans sa poche; c'est de ces fascicules que nous avons extrait les notes de voyage de 1862 à 1871. Il nous est fort difficile de donner, comme nous l'avons fait pour les albums, la description minutieuse de chaque cahier, il nous faudrait citer les dépenses, les prix d'hôtels, les remarques d'itinéraire, ce qui offrirait peu d'intérêt, ou anticiper sur l'historique des volumes à paraître quand nous trouverions soit un projet de traité, soit des variantes ou un brouillon relatifs à une œuvre non publiée encore dans cette édition. — Rappelons seulement que le carnet de voyage de 1862 contient la relation du banquet des *Misérables* offert à Victor Hugo par les éditeurs Lacroix et Werboeckowen [1].

D'un petit album de cuir noir nous avons extrait le dessin de l'abbaye d'Orval qui illustre la page 516.

1863. — En tête du carnet, copie d'une lettre encore inédite de Victor Hugo à Émile de Girardin; les bases du traité pour *William Shakespeare*. Une page est consacrée au joli crayon reproduit en hors texte (page 561).

Au dernier feuillet cette pensée :

Ne faiblissons jamais. Soyons toujours honnêtes.

Nous devons compte de nous-mêmes aux autres, qui ont besoin d'être soutenus par la vertu visible. Les honnêtes gens donnant l'exemple de certaines déviations de l'âme intimident la conscience humaine à jamais.

Sur un petit album rouge, parmi des croquis, des dessins ébauchés, quelques réflexions et un sujet de comédie :

Architecture : — Le rococo sage, ce que je connais de plus bête au monde.

— C'était un vaste glouton, haut de taille, énorme d'appétit, tête de lion, boyaux de baleine, gueule égale au ventre, un preneur, un voleur, un violeur, un mangeur, un tueur, un rieur, — un seigneur.

Puis, à propos d'une comédie de Scribe, *Valérie ou la jeune aveugle* :

Entendu un bourgeois dire : — *Valérie,* c'est émotionnant! Ce que ce *Cribe* m'a donné d'attaques de nerfs!

LE VIEUX CLÉLIO. — *Comédie.*

Je n'aurai plus jamais, c'est fini, soyons sage,
Cet enivrant bonheur de voir à mon passage

[1] Historique des *Misérables*, tome V.

Une femme effeuiller une fleur dans ses doigts,
Et dans l'air de ma tête, et dans mon son de voix,
Dans mes gestes, mes chants, mes propos, dans la flamme
De mes yeux souriants et fiers, chercher mon âme.

(Il se trompe. Une femme est amoureuse de lui
Sujet de la comédie.)

Terminons les citations de ce petit album par quelques vers :

... ce champ vermeil
Où le coquelicot prend feu dans le soleil.

Vous creuserez un peu la pierre de ma tombe
Afin que l'oiseau vienne y boire l'eau du ciel.

C'est de cet album que sont extraits le croquis du Château de Douvres et la face béate du *divin Bernardo* (pages 505 et 510).

1864. — Le carnet de voyage de 1864, dont nous avons reproduit les croquis les plus intéressants, débute par ces vers sur le télégraphe :

On est dans le wagon; on regarde, on écoute.
L'appareil électrique accompagne la route
Partout, dans les prés verts, dans le ravin obscur.
Ces longs cheveux de fer, alignés dans l'azur,
Font du ciel un papier de musique, et l'espace
Est plein d'une harmonie en tumulte, qui passe.
On entend des accords, des bruits; d'où viennent-ils?
Et les oiseaux, points noirs, perchés sur tous ces fils,
Sont les notes du chant mystérieux de l'ombre.

Un album spécial nous a fourni les trois dessins reproduits pages 565, 567 et 569.

1865. — Citons cette réflexion écrite entre deux notes de voyage :

J'ai sous les yeux le livre du marquis de Sade. C'est le dernier mot logique du matérialisme.

Sur une page du carnet est collé un article de journal donnant des détails sur les œuvres en train du poète : *Les Chansons des rues et des bois*, *les Travailleurs de la mer*, et annonçant que Victor Hugo, par raison de santé, habiterait six mois Bruxelles et six mois Guernesey.

Pendant le séjour à Bruxelles qui a précédé son voyage de 1865, Victor Hugo note un achat important; il s'agit d'une collection de flambeaux représentant chacun un personnage des *Misérables : Jean Valjean, Gavroche, Gillenormand, Jean Valjean garde national*, *Thénardier*, *Fauchelevent*, *Marius*, *Cosette*, *Javert*, *Fantine*, *Éponine*. Le dernier flambeau représente Victor Hugo lui-même.

Plus loin le programme de la sérénade offerte par la société philharmonique de Vianden à Victor Hugo et le brouillon du remerciement du poète.

1867-1869. — Le même carnet contient la relation de trois étés : 1867, 1868, 1869. C'est plus qu'un carnet de voyage, c'est là que, pendant son séjour à Bruxelles, Victor Hugo a noté, en 1868, les progrès de la maladie et la mort de sa femme, en un mot toutes ses impressions.

Ce carnet contient pour 1867 les photographies de l'hôtel de Middelburg, de différents monuments; sous une fleur séchée on lit ces mots :

Fleur cueillie le 4 septembre sur le tombeau de ma fille et envoyée par Auguste[1].

On sait que Charles Hugo fit, après le voyage de 1867, un livre intitulé : *Victor Hugo en Zélande*. Nous relevons, sur le carnet l'appréciation du père :

Charles nous a lu la fin du voyage en Zélande. Son travail est excellent et charmant.

Çà et là quelques vers de *Mangeront-ils?*

En 1868, Victor Hugo ne fit d'autre voyage que celui de Bruxelles à Quiévrain où il accompagna jusqu'à la frontière le corps de sa femme.

En partant de Guernesey pour se rendre à Bruxelles, Victor Hugo note que son bateau a croisé un grand steamer dont il distingue le nom : *La Esmeralda*.

En arrivant à Bruxelles il colle sur son carnet la première photographie de son petit-fils Georges.

Victor Hugo avait invité à dîner Jules Claretie et Georges Legrand qui étaient allés avec François-Victor excursionner à Anvers :

Victor, Claretie et Georges Legrand dînent à Anvers, et m'envoient cette dépêche :

Retenus à dîner par les beautés d'Anvers,
Nous t'envoyons, Hugo, nos excuses en vers.

Le poète part pour présider le Congrès de Lausanne et note les incidents du voyage :

13 septembre. — A partir de Fribourg la foule est sur le passage du train, et m'attend. Cris : *Vive Hugo! Vive la République!* A Romond, ils entrent dans le wagon en foule, et me serrent la main. Un prêtre nous regarde de travers. Nous arrivons à Lausanne à 6 heures. La foule m'attend au débarcadère. Acclamations. Poignées de main à tous. Nous allons à l'hôtel des Alpes. On m'y présente les membres des comités, les notables, les pasteurs protestants.

14 septembre. — A deux heures, ouverture du Congrès. (Voir les détails et mon speech dans les journaux.)

[1] Vacquerie.

15 septembre. — Deuxième séance du Congrès. Un excellent discours de Louis Mie.

18 septembre. — Clôture du Congrès de la Paix. J'ai fait le discours final.

Suit le récit du voyage que nous avons publié.

1871. — Les notes de voyage que nous avons reproduites occupent deux fascicules : Juin à septembre. — Septembre-octobre. En tête du premier, on lit :

Fascicule contenant tout mon séjour :
1° A Luxembourg;
2° A Vianden;
3° A Diekirch;
4° A Altwies, près Mondorf.
Du 1er juin où j'ai quitté Bruxelles au 23 septembre où je suis reparti pour Paris.

Nous ne sommes plus, en 1871, en présence de carnets de voyage, nous avons sous les yeux une sorte de journal de l'intimité, nous en avons extrait les notes de voyage, d'autre part on en a lu des fragments dans *Choses vues;* nous en continuerons la publication en temps opportun, dans l'historique des prochains volumes.

NOTES DE L'ÉDITEUR.

I

HISTORIQUE DE *FRANCE ET BELGIQUE*. – *ALPES ET PYRÉNÉES*. *VOYAGES ET EXCURSIONS*.

Dans le courant de l'année 1825, Victor Hugo avait formé le projet de faire, au mois d'août, un voyage au mont Blanc. Il avait confié son désir à Lamartine qui, le 25 juin 1825, lui écrivait de Chambéry :

> Je suis tout près du Mont-Blanc, que n'y venez-vous tout de suite? Mais au mois d'août, je ne ferai que rentrer au gîte, et il me sera bien difficile, comme je vous l'ai dit, de vous y accompagner de nouveau. Mais venez toujours à Saint-Point, en passant, me donner un ou huit jours, je vous mettrai sur le chemin.

Venir tout de suite! c'était chose difficile; il fallait se créer quelques ressources, et le voyage était d'autant plus coûteux que Victor Hugo voulait emmener sa femme et sa petite Léopoldine âgée de quelques mois, et une servante. Or il n'était pas riche. Il s'était ouvert de ses intentions à Charles Nodier; les deux amis avaient eu une idée lumineuse : «Si nous racontions notre voyage, nous trouverions bien un éditeur et les frais seraient couverts par cette publication.» Et les voilà tous deux qui développent leur plan : le récit s'appellerait : *Voyage poétique et pittoresque au mont Blanc et à la vallée de Chamonix*. Lamartine donnerait des méditations, Taylor procurerait des dessins.

On se mit en quête d'un éditeur. On le trouva. C'était Urbain Canel. Le traité fut conclu dans le courant de juin. Lamartine devait recevoir 2,000 francs pour quatre méditations; Taylor 2,000 francs pour huit dessins; Victor Hugo 2,250 francs pour quatre odes et quelques pages de prose; Nodier 2,250 francs pour la rédaction du voyage. Tous les contractants avaient signé le traité, sauf Lamartine. Nos deux voyageurs avaient le viatique nécessaire, car l'éditeur avait promis de leur verser immédiatement à chacun un à-compte de 1,750 francs.

Armé de ce traité, Victor Hugo ne doutait pas qu'il vaincrait les dernières résistances de Lamartine.

En juillet il avertit son ami de ses dernières résolutions. Lamartine lui répondit :

> Mon cher Victor, on vient de m'envoyer une lettre de vous relative à votre projet de voyage aux glaciers; mais il y a longtemps que je vous ai écrit qu'il ne me serait pas possible de m'y joindre, ni de corps ni d'esprit; souvenez-vous que, quand vous me le proposâtes, je venais même de prendre avec un libraire des engagements d'une nature trop opposée et qui m'interdisaient la faculté de rien imprimer que par lui : cet engagement a été à moitié rompu depuis, mais non pas tellement qu'il ne doive se renouer. Cepen-

NOTES DE L'ÉDITEUR.

I

HISTORIQUE DE *FRANCE ET BELGIQUE*. – *ALPES ET PYRÉNÉES*. *VOYAGES ET EXCURSIONS*.

Dans le courant de l'année 1825, Victor Hugo avait formé le projet de faire, au mois d'août, un voyage au mont Blanc. Il avait confié son désir à Lamartine qui, le 25 juin 1825, lui écrivait de Chambéry :

Je suis tout près du Mont-Blanc, que n'y venez-vous tout de suite? Mais au mois d'août, je ne ferai que rentrer au gîte, et il me sera bien difficile, comme je vous l'ai dit, de vous y accompagner de nouveau. Mais venez toujours à Saint-Point, en passant, me donner un ou huit jours, je vous mettrai sur le chemin.

Venir tout de suite! c'était chose difficile; il fallait se créer quelques ressources, et le voyage était d'autant plus coûteux que Victor Hugo voulait emmener sa femme et sa petite Léopoldine âgée de quelques mois, et une servante. Or il n'était pas riche. Il s'était ouvert de ses intentions à Charles Nodier; les deux amis avaient eu une idée lumineuse : « Si nous racontions notre voyage, nous trouverions bien un éditeur et les frais seraient couverts par cette publication. » Et les voilà tous deux qui développent leur plan : le récit s'appellerait : *Voyage poétique et pittoresque au mont Blanc et à la vallée de Chamonix*. Lamartine donnerait des méditations, Taylor procurerait des dessins.

On se mit en quête d'un éditeur. On le trouva. C'était Urbain Canel. Le traité fut conclu dans le courant de juin. Lamartine devait recevoir 2,000 francs pour quatre méditations; Taylor 2,000 francs pour huit dessins; Victor Hugo 2,250 francs pour quatre odes et quelques pages de prose; Nodier 2,250 francs pour la rédaction du voyage. Tous les contractants avaient signé le traité, sauf Lamartine. Nos deux voyageurs avaient le viatique nécessaire, car l'éditeur avait promis de leur verser immédiatement à chacun un à-compte de 1,750 francs.

Armé de ce traité, Victor Hugo ne doutait pas qu'il vaincrait les dernières résistances de Lamartine.

En juillet il avertit son ami de ses dernières résolutions. Lamartine lui répondit :

Mon cher Victor, on vient de m'envoyer une lettre de vous relative à votre projet de voyage aux glaciers; mais il y a longtemps que je vous ai écrit qu'il ne me serait pas possible de m'y joindre, ni de corps ni d'esprit; souvenez-vous que, quand vous me le proposâtes, je venais même de prendre avec un libraire des engagements d'une nature trop opposée et qui m'interdisaient la faculté de rien imprimer que par lui : cet engagement a été à moitié rompu depuis, mais non pas tellement qu'il ne doive se renouer. Cependant ce n'est pas là la seule raison qui me retienne; il y en a une plus forte, qui est l'impossibilité absolue où je suis de faire un bon vers dans ce temps-ci et la ferme volonté de n'en plus imprimer de médiocres ni même d'aucun genre d'ici à un très long temps. L'*aura popularis* n'est plus pour nous, il faut carguer sa voile. Quant au voyage même à Chamouny, je n'y puis plus penser; la fièvre tierce qui me ronge depuis neuf mois vient de me reprendre à l'issue des eaux, et je me hâte de revenir chez moi pour n'en plus sortir, qu'elle ne m'ait vaincu ou que je n'en aie triomphé... J'espère, mon cher ami, que vous comprendrez les motifs de mon refus et que vous les expliquerez à Nodier; rien ne m'aurait plu davantage que d'unir mon nom au sien et au vôtre dans un ouvrage où tous nos genres trouvaient si naturellement leur place...

Le traité n'en fut pas moins maintenu, mais sans la collaboration de Lamartine.

Les voyageurs se préparèrent au départ.

Il fallait à cette époque un passeport. Nous avons eu entre les mains deux des passeports de Victor Hugo : celui qui lui avait été délivré le 20 avril 1825 pour aller voir son père à Blois et celui du 29 juillet 1825 qu'il avait demandé pour se rendre en Suisse. Si l'on veut apprécier toute la valeur de ces sortes de documents et la compétence de ceux qui sont chargés de les rédiger, on verra par la comparaison de ces deux pièces établies à trois mois d'intervalle quelles étranges fantaisies d'optique subissait l'œil avisé de nos enquêteurs :

AVRIL 1825.	JUILLET 1825.
Front : moyen.	*Front :* haut.
Yeux : bruns.	*Yeux :* gris.
Nez : gros.	*Nez :* ordinaire.
Bouche : moyenne.	*Bouche :* uniforme.

Taille : 1 m. 70.

Victor Hugo avait oublié son passeport en partant. Et en montant la côte du Vermenton il fut appréhendé par des gendarmes qui, un peu surpris de voir un homme si jeune décoré, lui demandèrent ses papiers; ils lui auraient fait sans doute un mauvais parti si Nodier, homme d'un âge respectable, n'était intervenu. Quelques jours plus tard, Victor Hugo reçut son passeport; mais s'il avait voulu démontrer l'inutilité de ces parchemins il aurait pu produire les deux passeports fort peu concordants.

Les voyageurs furent reçus à Mâcon par Lamartine qui les conduisit à Saint-Point; de là ils partirent pour la Suisse et arrivèrent à Genève. On visita Lausanne et on se rendit à Chamonix. Victor Hugo se mit à la tâche, écrivit aussitôt le trajet de Sallanches à Chamonix, car il voulait être en règle avec son éditeur.

Il s'était chargé aussi de tenir la comptabilité des excursionnistes. Sur la couverture d'un cahier formé de grandes feuilles de papier pliées en deux et cousues, on lit ce titre :

JOURNAL DE VOYAGE

A CHAMONIX.

Août et septembre 1825.

Sur une feuille double il inscrivait ses dépenses et sur la feuille suivante celles de Charles Nodier. Chaque feuille était divisée en plusieurs colonnes : *dates, détail, nourriture, entretien, service, frais imprévus.* C'était un bien grand luxe de rubriques. L'expérience devait lui démontrer qu'il avait été trop prévoyant et trop méticuleux, car les colonnes : *entretien, service, frais imprévus* restèrent vides. Il simplifia donc son livre de comptabilité en le divisant seulement en trois colonnes : *dates, détail, nourriture.*

Les voyageurs firent l'ascension du Montanvert. Mme Victor Hugo, qui était restée avec Mme Charles Nodier au sommet du plateau, laissa les hommes visiter la mer de glace. Elle donne les détails suivants sur cette expédition[1] :

Le guide de M. Victor Hugo, nouveau dans le métier, se trompa de sentier et l'aventura sur une langue de glace entre deux fentes qui se rapprochaient de pas en pas : la langue devint bientôt si étroite que le guide s'inquiéta, mais il ne voulut pas s'avouer en faute, et il alla de l'avant, disant que la route allait bientôt s'élargir; elle se rétrécit encore et ne fut plus qu'une mince tranche entre deux abîmes. Le guide saisit la main de M. Victor Hugo et lui dit : — Ne craignez rien. Mais il était tout pâle. A quelque distance, une des fentes cessait, et la languette rejoignait un plateau; mais il fallait aller jusque-là. Il n'y avait pas place pour deux de front : le guide n'avait qu'un pied sur le niveau et marchait de l'autre côté sur la pente glissante du gouffre; le jeune montagnard au reste ne bronchait pas et supportait la pression du voyageur avec la solidité d'une statue. Ils arrivèrent au plateau, mais là le danger n'était pas fini. Le plateau auquel l'arête se rattachait était plus haut qu'elle de cinq à six pieds et coupé à pic.

— Il faut que nous nous quittions la main, dit le guide. Restez appuyé sur votre bâton, et fermez les yeux de crainte du vertige.

Il grimpa au mur de glace et après quelques secondes qui parurent des quarts d'heure à M. Victor Hugo, se pencha, lui tendit les deux mains et l'enleva lestement...

Le guide de M. Nodier, voyant d'où venait l'autre, devina l'imprudence qu'il avait commise et l'en réprimanda durement : — il avait compromis la vie d'un voyageur et l'honneur de sa profession...

Les guides sont obligés de faire attester par le voyageur la manière dont ils l'ont conduit. Le guide de M. Victor Hugo dut donc présenter son livret; il était tout décontenancé et trembla fort quand M. Hugo le lui rendit; il rayonna de bonheur en lisant : *« Je recommande Michel Devouassoux, qui m'a sauvé la vie. »*

Les fonds étant épuisés, il fallut rentrer en France. On arriva à Paris le 2 septembre. Charles Nodier n'avait plus que 22 francs et Victor Hugo 18. Il rapportait son manuscrit du voyage, suivant les termes du traité. Mais le livre attendu ne paraissant pas, il publia un premier fragment dans la *Revue de Paris* en août 1829. Une note annonçait que cette publication promise d'année en année allait enfin voir le jour sous le titre : *Album de trois voyageurs à la vallée de Chamonix.*

L'éditeur ayant fait de mauvaises affaires, l'album resta dans les cartons. Un second fragment fut inséré dans la *Revue des Deux Mondes* en 1831. Ces deux fragments furent recueillis par Mme Victor Hugo et introduits dans les volumes : *Victor Hugo raconté par un témoin de sa vie,* avec les œuvres de la première jeunesse sous le titre : *Fragment d'un voyage aux Alpes.* Nous avons cru devoir le placer en tête de ce volume dans une édition qui comprend les œuvres complètes de Victor Hugo.

Le volume : *France et Belgique* a paru en 1892; il précède pourtant dans cette édition *Alpes et Pyrénées,* dont l'édition originale date de 1890. Il nous a semblé en effet plus rationnel de suivre ici l'ordre chronologique.

Ces divers voyages datent de 1834, 1835, 1836, 1837, 1839 et 1843. Il s'est écoulé quarante-sept ans entre l'époque où les dernières lettres et les dernières notes d'album ont été écrites et la date où elles ont été livrées au public, cinq et sept années après la mort de Victor Hugo.

Le plus souvent, les récits de Victor Hugo étaient adressés sous forme de lettres à sa femme et à Louis Boulanger; mais parfois les étapes étaient rapides et rapprochées. Victor Hugo n'avait pas le temps de s'enfermer quelques heures dans une auberge pour écrire des lettres; il prenait alors de simples notes sur des albums; il avait évidemment l'intention

[1] *Victor Hugo raconté par un témoin de sa vie.*

de les rédiger et de les développer ultérieurement. Il n'en a pas eu le loisir. A sa mort, il laissa donc des lettres, des notes plus ou moins longues et des indications sommaires, soit dans ses carnets, soit sur des feuilles volantes, chargeant ses exécuteurs testamentaires du soin de les mettre en ordre pour la publication. Tous les voyages n'étaient pas contenus dans les deux volumes qui ont paru. Il y avait encore de nombreuses pages inédites. Mais Paul Meurice, seul exécuteur testamentaire survivant, avait pensé avec raison qu'elles ne fournissaient pas matière à un troisième volume. Aussi trouvent-elles tout naturellement leur place dans cette édition.

Victor Hugo n'était pas, de sa nature, un grand voyageur. A part le voyage à Chamonix, nous ne trouvons dans ses papiers aucune trace d'excursion entre 1825 et 1834, et il semble qu'il n'ait quitté Paris que pour s'installer quelques semaines, pendant l'été, à la campagne.

Son premier voyage date de 1834; sans doute il veut chercher une diversion à ses travaux, à ses luttes récentes : deux drames en 1833 (et tout drame de Victor Hugo était le prétexte d'une bataille), un volume en préparation : *Littérature et Philosophie mêlées.* Son cerveau, quoique puissamment organisé, exigeait une détente; la politique ne le passionnait guère à cette époque, il voyagera donc. Il visitera consciencieusement les villes, s'attardera dans les monuments et les musées, fera une halte pour explorer quelque ruine ou quelque château. Il a le goût des petites étapes. Les moyens de locomotion en usage à cette époque lui offrent toute la lenteur à laquelle il aspire; il éprouve la plus grande indulgence pour la diligence; il choisit la place d'où il peut le mieux voir la campagne, sans aucun souci du confortable. Il est fort mal assis, pressé contre ses voisins, exposé aux intempéries, mais il voit les levers et les couchers du soleil, les plaines embrumées, les montagnes et les vallons; il a beau, après des journées entières de voiture ou de marche, être brisé, harassé de fatigue, il n'en racontera pas moins ses impressions à sa femme; le corps peut être las, le cerveau travaille à son tour.

Dans son voyage de 1834, en Bretagne, qui devait durer une vingtaine de jours, ce sont des effusions de tendresse pour sa Léopoldine :

19 août.

J'ai vu la mer, j'ai vu de belles églises, j'ai vu de jolies campagnes. La mer est grande, les églises sont belles, les campagnes sont jolies; mais les campagnes sont moins jolies que toi, les églises sont moins belles que ta maman, la mer est moins grande que mon amour pour vous...

A bientôt, ma Didine, garde toujours cette lettre. Quand tu seras grande, je serai vieux, tu me la montreras; et nous nous aimerons bien; quand tu seras vieille, je n'y serai plus, tu la montreras à tes enfants, et ils t'aimeront comme je t'aime[1].

Le voyage de 1835, en Normandie, dura à peine un mois; mais pendant ce mois, c'est la mer qui lui inspire ses deux plus belles lettres; en 1836 il retarde son retour pour pouvoir assister à la fin de la tempête qu'il a entendue, de sa chambre d'auberge, la nuit précédente; cette tempête lui a, en quelque sorte, dicté les vers qu'on a lus dans *les Voix intérieures : Une nuit qu'on entendait la mer sans la voir;* puis *Oceano nox,* qui sera introduit dans *les Rayons et les Ombres.*

Le voyage de 1837 est consacré à la Belgique et dure un mois environ : Bruxelles éblouit Victor Hugo et, dans Bruxelles, Sainte-Gudule surtout et la place de l'hôtel de ville, qu'il devait habiter plus tard, après le coup d'Etat

[1] *Correspondance.*

de 1851. Le carillon de Malines l'enchante ; il lui témoigne sa reconnaissance par une poésie : *Écrit sur la vitre d'une fenêtre flamande,* qui paraîtra dans *les Rayons et les Ombres.*

C'est dans le trajet d'Anvers à Bruxelles qu'il a fait la connaissance du chemin de fer et qu'il a imaginé la locomotive aux formes fantastiques dont on a reproduit tant de fois la description. Son admiration pour Anvers se traduit dans ses lettres à sa femme et à Louis Boulanger; à Gand, il fait cette curieuse réflexion :

> Gand est encore tout plein de Charles-Quint. Ce don Carlos était fort libertin dans sa jeunesse, n'en déplaise aux contradicteurs d'*Hernani.*

Le 3 septembre, à Étaples, près de Boulogne, il envoie à Léopoldine une pensée sauvage dans une lettre très tendre :

> ... Et puis, mon ange, j'ai tracé ton nom sur le sable : *Dédé.* La vague de la haute mer l'effacera cette nuit, mais ce que rien n'effacera, c'est l'amour que ton père a pour toi[1].

Il revient le 13 septembre.

Le volume d'*Alpes et Pyrénées,* tel qu'il a été publié en 1890, renferme : 1° le voyage aux Alpes en 1839, qui est la continuation du voyage du Rhin à travers la Suisse ; 2° le voyage aux Pyrénées en 1843.

Entre *Alpes* (1839) et *Pyrénées* (1843) nous avons, dans cette édition, introduit le voyage dans le Midi de la France et dans la Bourgogne, du 3 au 25 octobre, et qui termine les divers voyages de 1839.

Peu de lettres pour cette partie, ce sont surtout des notes d'album.

Le 3 octobre, Victor Hugo écrit de Marseille à Léopoldine :

> Vois-tu, chère fille, on s'en va parce qu'on a besoin de distraction et l'on revient parce qu'on a besoin de bonheur.

[1] *Correspondance.*

Il ne dit pas que la distraction est un stimulant du travail, qui pour lui n'est jamais interrompu, car s'il a les éléments de volumes de voyages, il rapporte aussi des documents qu'il utilisera plus tard pour d'autres œuvres. N'avait-il pas pris en 1829 des notes destinées à un grand roman sur la misère ? Dix ans après, vers 1839, il a l'occasion de visiter le bagne à Toulon, et tous les renseignements qu'il recueille sur les pénalités prononcées contre les forçats pour rébellion, tentative de meurtre sur un camarade, vol, évasion, tentative d'évasion lui serviront pour son Jean Valjean ; comparant le bagne de Brest, visité en 1834, au bagne de Toulon, il prend des notes pour « traiter la grande question : isolement cellulaire ou travail en plein air ». (Voir page 241.) Nous avons retrouvé dans ses papiers inédits un projet de discours ou une étude qu'il se réservait de publier sur cette « grande question ». De même il visite un vaisseau de ligne, en fait une description détaillée qu'il introduira dans un chapitre des *Misérables : le Vaisseau « l'Orion ».*

De Cannes, 8 octobre, il écrit à tous ses enfants et envoie à chacun d'eux un dessin ; le 22 octobre, étant à Troyes, il va voir le lieu où a été exécuté Claude Gueux et revient à Paris le 25 octobre.

Le voyage aux Pyrénées doit surtout retenir notre attention à cause des circonstances tragiques dans lesquelles il s'acheva.

Voici en quels termes Victor Hugo annonçait, le 13 juin 1843, son voyage à Léopoldine, mariée récemment à Charles Vacquerie et qui habitait le Havre :

> Je t'écris, mon enfant chérie, avec des yeux bien malades. Je travaille, il le faut, et

mes yeux empirent. Ta douce lettre m'a charmé. Mon rêve et ma récompense, après cette laborieuse année, c'est de vous aller retrouver. Cependant je ne puis dire encore quand. J'ai un voyage à faire d'abord, soit aux Pyrénées, soit à la Moselle; voyage de santé qui me remettra un peu les yeux; voyage de travail aussi, tu sais, comme tous mes voyages. Après mon butin fait, ma gerbe liée, j'irai vous embrasser tous, mes bien-aimés. Le bon Dieu me doit bien cela.

Le voyage avait été retardé, Victor Hugo avait mis cet ajournement à profit pour aller voir sa fille au Havre le 9 juillet; il était rentré à Paris, et le 18 juillet il écrivait à Léopoldine :

... Je pars tantôt, et, quand tu recevras cette lettre, pense avec tendresse à ton pauvre père qui roulera bien loin de toi sur la route du midi. Si tu savais, ma fille, comme je suis enfant quand je songe à toi; mes yeux sont pleins de larmes; je voudrais ne jamais te quitter. Le spectacle de ton bonheur m'a charmé l'autre jour. Ton mari est bon, doux, tendre, aimable, spirituel; aime-le bien; moi, je l'aime aussi. Cette journée passée au Havre est un rayon dans ma pensée; je ne l'oublierai de ma vie. Qu'il m'en a coûté de vous résister à tous! Mais c'était nécessaire. Je suis parti avec un serrement de cœur. Et le matin, en passant près du bassin, j'ai regardé les fenêtres de ma pauvre Didine endormie, je l'ai bénie, et j'ai appelé Dieu sur toi du plus profond de mon cœur. Sois heureuse, ma fille, toujours heureuse, et je serai heureux. Dans deux mois, je t'embrasserai. En attendant, écris-moi, ta mère te dira où. Je t'embrasse encore et encore.

Et il ajoutait ce mot à Charles Vacquerie :

J'ai besoin de vous remercier, mon bon Charles, pour le bonheur que vous lui avez donné. Le jour que j'ai passé près de vous m'a ravi. J'ai vu ma fille heureuse par vous, et vous heureux par elle. Songez, mes enfants, que c'est là le paradis. Vivez-y tous les deux jusqu'à la mort[1].

[1] *Correspondance.*

Ces lettres sont singulièrement émouvantes quand on songe que Victor Hugo ne devait plus revoir sa fille, noyée à Villequier avec son mari deux semaines plus tard.

Il partait en effet le 18 juillet. Il traversait la Touraine, exprimant le regret qu'on l'eût trop vantée à cause de ses peupliers. N'est-il pas amusant de l'entendre dire : « le peuplier est comme l'alexandrin, une des formes classiques de l'ennui ».

L'entrée à Bayonne, le 26 juillet, provoque chez lui une vive émotion. N'était-il pas venu là en 1811, quand il était tout petit, accompagné de sa mère et de ses frères, pour aller rejoindre en Espagne son père, le général Hugo, qui était aide de camp du roi et gouverneur d'Avila, de Ségovie et de Soria, à l'époque des grandes guerres? Tous ces souvenirs lui remontaient à l'esprit et au cœur.

Le 27 juillet, au moment d'entrer en Espagne, entre Bidart et Saint-Jean-de-Luz, il revoit la charrette à bœufs, encore un souvenir de son enfance. De Saint-Sébastien, le 31 juillet, il adresse ces mots à son gendre Charles Vacquerie :

J'espère que vous allez toujours bien au Havre et que ma petite Madame continue d'être une jolie Havraise, la plus heureuse du monde... enfin j'espère que le bon Dieu ne vous refuse là-bas rien de ce que je lui demande ici pour vous, santé, bonheur, prospérité et joie.

Et il poursuit avec sa fille la lettre commencée :

Il me semble que je ne change pas d'interlocuteur. Vous êtes un seul cœur dans deux âmes.

Le courrier ne devant partir que le lendemain, il rouvre sa lettre :

Chère enfant, je voudrais être à six semaines d'ici et vous avoir tous à la fois dans mes bras et sur mes genoux [1].

Il a vu Pasages et fait des promenades dans les environs. Il écrit là quatre poésies qui seront publiées dans *les Quatre vents de l'Esprit* sous le titre : *Promenades dans les rochers*.

De Tolosa, le 9 août, nouvelle lettre à Léopoldine :

Je pense à toi sans cesse; il faut bien que je t'écrive toujours.

L'Espagne l'éblouit :

Je te conterai tout cela, ma bien-aimée fille, quand je serai au Havre et quand tu seras à Paris. Cela remplira nos causeries après dîner. Tu sais ces bonnes causeries qui étaient un des charmes de ma vie. Nous en ferons encore. Car je veux bien que tu sois heureuse sans moi, mais moi je ne peux être heureux sans toi. J'embrasse ton mari, et toi, et lui, et toi encore [2].

Le 25 août, nous trouvons huit vers datés de Cauterets : *L'enfant voyant l'aïeule à filer occupée...* Ces vers parurent dans *les Contemplations*. A cette même date, il adressait à Léopoldine ces lignes remplies de l'espérance joyeuse de la revoir prochainement :

Tu as maintenant deux Charles pour te rendre heureuse. Avant peu tu auras aussi ton père. Donc continue d'engraisser, de rire et de te bien porter. Rayonne, mon enfant, tu es dans l'âge.

Écris-moi maintenant à La Rochelle poste restante [3].

Le lendemain du jour où elle recevait cette lettre, Léopoldine faisait, le 4 septembre, une promenade en barque à Villequier avec son mari. La barque chavirait. La malheureuse jeune femme s'était noyée, et son mari, n'ayant pu la sauver, voulut mourir avec elle.

En septembre, Victor Hugo avait écrit de Cognac à sa femme :

J'ai reçu à Luz une bonne petite lettre de ma Didine chérie. Cette lettre était comme toujours pleine de tendresse et de bonheur... Dans peu, je serai des vôtres. Encore douze ou quinze jours, et je vous embrasserai tous, et nous serons réunis. Je vous raconterai toutes mes aventures [4].

Le 8 septembre, Victor Hugo ignorait encore son malheur.

La note de l'édition Hetzel, que nous avons reproduite comme conclusion du voyage aux Pyrénées, relate en quelques lignes la catastrophe de Villequier, et rappelle les sombres pressentiments de Victor Hugo dans l'île d'Oléron qui lui apparaissait comme «un grand cercueil couché dans la mer». Comme on le pense bien, Victor Hugo à partir de ce moment n'écrivait plus ses impressions, mais nous sommes en mesure de donner des détails exacts sur ce tragique retour.

C'est un souvenir bien ancien qui a été fixé dans des notes. Jules Simon et son fils Gustave Simon faisaient, en 1869, une excursion en Belgique, vers la fin de juillet. Ils étaient depuis quelques jours à Ostende lorsqu'ils reçurent de Victor Hugo l'invitation de venir dîner à Bruxelles, place des Barricades, le 7 août. Victor Hugo s'était engagé à aller au théâtre voir *Patrie*, et il les avait emmenés avec lui. Mais il dit à Jules Simon : «Cette soirée ne compte pas; vous allez faire un tour en Belgique, promettez-moi que vous reviendrez place des Barricades.»

Jules Simon tint sa promesse et vint déjeuner avec son fils chez Victor Hugo le 16 août. Le poète aimait volontiers à raconter ses voyages. Il faut dire qu'il était un conteur charmant; il avait de

(1) *Correspondance.*
(2) *Correspondance.*
(3) *Correspondance.*

(1) *Correspondance.*

la verve, de la simplicité et une mémoire d'une fidélité impeccable. Toutes les petites aventures du touriste lui revenaient à l'esprit, et il les rapportait avec une étonnante précision et la plus grande bonhomie. Il s'était particulièrement appesanti sur l'Espagne et, son admiration trouvant un écho dans Jules Simon qui partageait sa ferveur, il s'exaltait pour décrire toutes ces beautés. Si le langage devenait imagé et pittoresque ce n'était nullement par le désir d'éblouir ses invités, c'était plutôt par soumission à cette imagination prodigue de descriptions colorées et brillantes. Il fut amené à rapprocher ses souvenirs d'Espagne de 1811, quand il était enfant, de ceux qui dataient de plus de vingt-cinq ans, en 1843. Il n'avait rien oublié, et surtout ce tragique retour, quand il apprit la mort de sa fille. Il raconta à Jules Simon les stations de son calvaire, les cruelles fantaisies du hasard, sources d'ajournements toujours renaissants et de souffrances d'autant plus vives que l'heure où il pourrait revoir les siens et pleurer avec eux s'éloignait sans cesse. Il avait passé à Saintes, puis à Oléron le 8 septembre; il arrivait à Marennes le 9, et il ignorait encore la catastrophe de Villequier. Il dut attendre deux heures et demie avant de partir pour Rochefort qu'il atteignit à deux heures de l'après-midi. Il fallait dépenser quatre heures avant le départ de la diligence pour la Rochelle. Pour occuper le temps, Victor Hugo fit une longue course dans les marais, mais il était un peu las, il entra dans un café, le café de l'Europe, qui était à peu près désert, car il n'y avait là qu'un jeune homme. Il voulut s'isoler encore davantage en se plaçant sous un petit escalier en colimaçon, et il demanda les journaux. Il en prit un au hasard. Il le lut. Pendant quelques secondes il resta terrifié. Le drame de Villequier était raconté en quelques lignes. Il se leva comme un halluciné, sortit du café, n'ayant plus conscience de ce qu'il faisait et où il allait. Il marchait devant lui, au hasard, sans but. Il se trouva tout à coup près des remparts et, brisé, s'affaissa sur une pelouse, entendant autour de lui des jeunes filles qui chantaient. A six heures, la diligence partait. Soirée affreuse; il arrivait à dix heures du soir, le 9, à la Rochelle. Il voulait repartir immédiatement. Pas de diligence. — Alors le lendemain matin, demande-t-il? On lui répond : le lendemain soir seulement, à huit heures. C'était le 10 septembre. Il fallait donc pour gagner Saumur attendre à la Rochelle la nuit et la journée du lendemain.

Il chercha un gîte, aucune chambre nulle part. Enfin il eut pour sa nuit un grenier et pour lit une botte de paille; mais ce n'était encore rien : il y avait toute cette mortelle journée à passer à la Rochelle. Que faire? car il voulait surtout fuir le monde, et d'ailleurs il ne pouvait pas rester en place; il sortit, erra à travers la ville, gagna la campagne, marchant, marchant toujours. Enfin l'heure du départ sonna, il voyagea toute la nuit, il entrait le 11 à Saumur dans l'après-midi. Mais, là, aucune diligence ne partait pour Paris avant dix heures du soir. Encore fallait-il s'assurer que toutes les places n'étaient pas retenues. Nouvelles courses, nouvelles démarches. Pas une place. Après bien des pourparlers, Victor Hugo parvint à se loger dans la diligence, mais on ne devait le conduire que jusqu'à Tours où il arriva à quatre heures du matin, le 12. Là, pas de correspondance directe pour Paris. On était condamné à une nouvelle station jusqu'à ce que la diligence venant d'Angers passât; et il était vraisemblable qu'elle serait au complet. Mais il y avait plusieurs bureaux de messageries. Victor Hugo parcourut la ville et découvrit enfin une diligence qui se rendait directement à Paris par le chemin de fer d'Orléans. Il repartit le 12 au petit jour, entra dans Orléans à trois heures de l'après-midi. Là, une heure d'arrêt. Enfin la diligence fut hissée, au moment du passage du train, sur un plancher roulant et fixée au wagon par des chaînes et des crampons de fer. A huit heures du soir elle pénétra dans la cour des messageries.

Ainsi Victor Hugo apprenait son malheur le 9 et pendant quatre jours devait subir cette horrible torture du voyage à petites journées, coupé d'arrêts interminables.

Pendant l'une de ses haltes, à Saumur, il essaya de soulager sa douleur en écrivant à des amis, à Mlle Louise Bertin; il datait sa lettre du 10 septembre, mais il a dû se tromper de date, car il était le 11 à Saumur :

> Je souffre, j'ai le cœur brisé, vous le voyez, c'est mon tour.
>
> J'ai besoin de vous écrire, à vous qui l'aimiez comme une autre mère. Elle vous aimait bien, vous le savez.

Puis il indique en quelques lignes comment il a appris la terrible nouvelle; ce récit très succinct est conforme à celui que nous avons donné en détail, sauf sur un point : Victor Hugo désigne un petit village qui s'appelle, croit-il, Subise où il aurait lu le journal dans un café; or dans la note publiée par Paul Meurice dans l'édition Hetzel, comme dans nos notes, il n'est question que de Rochefort, et quand Victor Hugo rappelait ses souvenirs, c'était bien la ville de Rochefort qu'il désignait à ses amis. Il est probable que, dans son affolement, il a fait quelque confusion; il était bien en effet à Rochefort, mais ayant quatre heures à dépenser avant le départ de la diligence, il avait fait une grande course dans les marais, avait dépassé les faubourgs et passé par quelque petit village du nom de Subise pour rentrer ensuite dans la ville. Il continue ainsi sa lettre :

> J'aimais cette pauvre enfant plus que les mots ne peuvent le dire. Vous vous rappelez comme elle était charmante. C'était la plus douce et la plus gracieuse femme.
>
> Oh! mon Dieu, que vous ai-je fait? Elle était trop heureuse, elle avait tout, la beauté, l'esprit, la jeunesse, l'amour. Ce bonheur complet me faisait trembler; j'acceptais l'éloignement où j'étais d'elle afin qu'il lui manquât quelque chose... Oh! mon pauvre ange, dire que je ne le verrai plus!
>
> Pardonnez-moi, je vous écris dans le désespoir. Mais cela me soulage. Vous êtes si bonne, vous avez l'âme si haute, vous me comprendrez, n'est-ce pas? Moi, je vous aime du fond du cœur, et, quand je souffre, je vais à vous.
>
> J'arriverai à Paris presque en même temps que cette lettre. Ma pauvre femme et mes pauvres enfants ont bien besoin de moi.

Le même jour, il adressait ces quelques lignes à Louis Boulanger :

> Je vous écris le désespoir au cœur. Vous êtes mon ami, il faut bien que je partage cette douleur avec vous. Dieu nous a repris l'âme de notre vie et de notre maison. O pauvre enfant, pauvre ange, elle était trop heureuse.

De retour à Paris, Victor Hugo, le 17 septembre, envoie ces lignes désespérées à Victor Pavie :

> Je ne vis plus, mon pauvre ami, je ne pense plus; je souffre, j'ai l'œil fixé sur le ciel, j'attends.

Nous avons terminé ce volume par de nombreuses notes et récits inédits, puis par des voyages, qui n'ont pas encore été publiés.

Les notes de 1840 sur la Forêt-Noire sont extraites d'un album; elles appartiennent en réalité au second voyage du Rhin, mais elles n'y ont pas trouvé place, la forme épistolaire ayant été exclusivement adoptée pour le volume du *Rhin;* l'un de ces chapitres inédits nous révèle l'idée que Victor Hugo se faisait de la Forêt-Noire. A cette même date de 1840 il écrivait de Hausach, forêt Noire, à Mlle Louise Bertin :

Je vous écris au milieu des neiges, mademoiselle, et j'espère que cette lettre vous trouvera au milieu des rayons du soleil. Je suis dans la Forêt-Noire, et vous aux Roches. Ce pays est magnifique, mais froid, sombre et dur. Dites bien, je vous prie, à votre excellent père, que tous les sapins de la Forêt-Noire ne valent pas l'acacia qui est dans la cour.

Toute la plaine est blanche autour de moi, ce qui tranche résolument avec les bois, couleur d'encre. Il fait un vent de bise, décembre habite pendant huit mois de l'année dans ce pays. Ce sont des beautés, mais des beautés sévères. Vous, mademoiselle, vous avez des beautés douces.

Détachons aussi d'une lettre à Mme Victor Hugo ce passage curieux :

Il a fait dans la Forêt-Noire un de ces temps horribles qui sont magnifiques dans les lieux horribles. C'est presque une bonne fortune qu'un orage dans les sapinières de la Murg. J'ai eu cette bonne fortune, mais j'ai été trempé jusqu'aux os.

L'aubergiste de Rippoldsau dans la Forêt-Noire m'a dit qu'on avait encore tiré sur Louis-Philippe, mais qu'heureusement le coup avait manqué comme toujours. Je remarque, chose bizarre, que toutes les fois que je m'absente de Paris, il arrive des catastrophes autour de Louis-Philippe. Pendant mon voyage de 1835, Fieschi; pendant mon voyage de 1836, Alibaud; pendant mon absence de 1837, rien, c'était l'année de l'amnistie; en 1838 je n'ai voyagé que huit jours; mais en 1839 j'étais à Troyes quand cette folle, la femme Girondelle, a jeté une pierre au roi qui a blessé la reine; et en 1840, j'apprends un autre évènement dans la Forêt-Noire. N'est-ce pas singulier?

Rien à dire des courtes excusions de 1844 et 1849; en revanche, l'excursion de 1859 est tout à fait caractéristique. C'est la première fois, depuis qu'il est en exil, que Victor Hugo voyage. Plutôt partie de plaisir entre amis. Victor Hugo était en plein travail de *la Légende des Siècles,* il avait envoyé à Bruxelles, avant son départ, la fin du tome Ier et il avait besoin de se délasser avant d'achever son œuvre. Pendant son séjour dans l'île de Serk, il cause avec les pêcheurs, recueille leurs confidences, s'informe de leurs habitudes; c'est en voyant les matelots descendre la falaise à pic et se servir d'une corde à nœuds qu'il appliqua la même manœuvre à Gilliatt sur les Douvres; il voit la pieuvre pour la première fois, et c'est bien là qu'il amasse les premiers matériaux pour son futur roman des *Travailleurs de la mer.*

S'il s'absente désormais un ou deux mois chaque année à partir de 1862, c'est qu'il a, durant son séjour à Guernesey, pendant sept années consécutives, fourni un effort colossal et s'est replié sur lui-même, vivant en dehors du monde, produisant avec une prodigieuse fécondité, soumettant son cerveau à de rudes épreuves, sans halte, sans répit. Il a le droit de sentir la fatigue et de craindre la maladie; la prudence et les médecins lui conseillent de s'évader quelques semaines de sa prison. Sans doute il travaillera encore en voyage; le travail est nécessaire à sa santé, mais ce n'est plus le surmenage et cette excitation quotidienne et prolongée d'un cerveau qui enfante sans relâche; il se repose en visitant des villes qu'il ne connaît pas et en revoyant des paysages qu'il a aimés, il respire un air moins rude que celui de son île :

Livrée à tous les vents qui descendent du pôle.

Il fait des provisions de force et il renouvelle ses impressions; il se remet un peu dans la vie du monde, après tant d'années d'une existence solitaire; et voilà pourquoi, comme un collégien qui goûte la liberté des champs, il mettra dans ses récits de la bonne humeur, de la gaîté, de l'ironie : il est en vacances.

En 1862, 1863 et 1864, Victor Hugo fit chaque année un voyage d'un ou deux mois sur le Rhin; en 1865, après un séjour d'un mois et demi à Bruxelles, pendant lequel il avait lu à ses éditeurs le manuscrit des *Chansons des rues et des bois*, il partit de nouveau pour son excursion annuelle sur les bords du Rhin et revint à Bruxelles pour recevoir la fiancée de son fils Charles et les parents de la fiancée. Le mariage eut lieu le 17 octobre. Le 24, Victor Hugo partait de Bruxelles pour retourner à Guernesey, par Ostende, Douvres, Londres et Weymouth. Il rentrait le 30 octobre par une horrible tempête.

En 1867, Victor Hugo voyagea en Zélande du 18 au 25 août; Charles Hugo, qui l'accompagnait, fut l'historiographe de cette tournée. Son petit volume : *Victor Hugo en Zélande*, qu'il ne signa pas, est un récit plein de verve avec de piquantes anecdotes et de jolies descriptions. Ah! il n'était pas aisé, à cette époque, de visiter la Zélande et d'atteindre Middelburg, le chef-lieu. Il fallait aller d'Anvers à Wemeldingen en bateau, prendre là un omnibus pour vous conduire à Goes, de Goes se rendre à pied jusqu'à un bras de l'Escaut, le Sloë, traverser l'Escaut, et, quand on avait débarqué, Middelburg était encore à plus de deux lieues qu'il fallait parcourir à pied. Mais les circonstances favorisèrent les voyageurs; le bateau *le Telegraf*, qui devait partir le lendemain matin, avait pour capitaine M. Van Maenen. Victor Hugo avait soigneusement caché son état civil; peine inutile! le capitaine l'avait fort galamment dévoilé en disant que pour tout autre voyageur cette expédition serait hérissée de difficultés plus ou moins insurmontables, mais qu'il se chargeait de tout aplanir; et en effet, au sortir du bateau, Victor Hugo était attendu par M. Van de Putte, le fils du sénateur de la Zélande, averti par M. Van Maenen, et à Goes, M. Van de Putte lui-même avait reçu chez lui la caravane et avait présenté à Victor Hugo un ministre protestant qui lui dit : « Je salue en vous le héros de la révolution littéraire et le prophète de la révolution sociale. Vos *Misérables* sont la *magna Charta* humaine. » A chaque étape, Victor Hugo trouvait des hôtes prêts à l'accueillir; des chambres avaient même été retenues d'avance, à son insu, à Middelburg.

Victor Hugo visita les monuments : l'hôtel de ville, l'abbaye, l'orphelinat, le musée, et termina sa promenade par le palais de justice. On se rendit à Flessingue, on revint à Wemeldingen où on retrouva l'hospitalier capitaine Van Maenen, qui emmena la caravane à Zierikzée. Les voyageurs entrèrent dans ce qui fut autrefois la cathédrale. L'incendie avait laissé une magnifique ruine qu'on remplaça par une horrible bâtisse; l'organiste en chef jouait de l'orgue, et Victor Hugo écrivit sur son carnet de voyage deux strophes :

Soudain,
L'orgue commence. Voix profonde!
Un éclair d'harmonie éclate et disparaît.
Puis, comme en la mêlée et comme en la forêt,
Le bruit monte, tremble, s'écroule,
Et se redresse ainsi qu'un combattant debout,
Et, comme dans une urne embrasée où l'eau bout,
Les sombres voix croissent en foule[1].

Charles Hugo avait copié cette strophe et celle qui suivait, ajoutant qu'on les trouverait sans doute dans les prochains volumes de vers. Or elles parurent après la mort de Victor Hugo dans *Dernière Gerbe.*

Les voyageurs avaient visité, à deux lieues de là, Brauwershaven, puis avaient poussé jusqu'à Dordrecht; le complaisant capitaine servait toujours de guide;

[1] *Dernière Gerbe.*

il reconduisit ensuite les touristes à Anvers. On rentra à Bruxelles le 24 août. Le 29, excursion à Chaudfontaines jusqu'au 11 septembre.

En 1869, le 11 septembre, Victor Hugo se rendait à Lausanne pour présider le congrès de la paix; après avoir passé par Cologne, il arriva à Bâle le 12 et partit le 13 pour Lausanne. Il présida le congrès les 14, 15, 16, 17 et 18, et se rendit le 19 à Berne; visita Lucerne, Zurich, Constance, la chute du Rhin; revint le 1er octobre à Bruxelles, pour apprendre la naissance de sa petite-fille Jeanne, et rentra à Guernesey le 5 novembre.

En février 1871, après la guerre, Victor Hugo avait été élu membre de l'Assemblée nationale qui se réunissait à Bordeaux. Après divers incidents relatés dans *Choses vues*, il donna sa démission, puis se rendit à Paris pour enterrer son fils Charles; il retourna à Bruxelles le 22 mars. Il faisait paraître le 27 mai sa déclaration en faveur du droit d'asile pour les vaincus de la commune.

Sa maison était aussitôt assiégée par une bande de forcenés, et il était expulsé de Bruxelles par le gouvernement belge. Le 1er juin il partait pour Luxembourg, allait à Vianden où il s'installait et restait les mois de juin, de juillet et jusqu'au 22 août. Puis il voulut visiter Thionville. Au moment où la ville était au pouvoir des Allemands, Victor Hugo avait tenu à y retrouver le souvenir de son père qui avait si vaillamment défendu la ville en 1814. Il rentrait, par Reims, à Paris, le 25 septembre.

Ce volume, comme on l'aura remarqué, ne ressemble guère par la facture au premier volume de voyage publié dans cette édition. *Le Rhin* avait paru du vivant de Victor Hugo. Il avait le caractère d'une œuvre achevée, définitive. Il était dans le goût de l'époque. Ce goût a bien changé aujourd'hui. Le public est devenu plus friand d'anecdotes, de souvenirs familiers; il veut pénétrer dans la vie du voyageur; et quand ce voyageur est Victor Hugo, il s'attache plus volontiers aux impressions qu'aux descriptions. C'est qu'il retrouve là comme un écho de ses propres aventures et de ses mésaventures; aussi les notes d'albums et de carnets, qui se présentent sous l'aspect de souvenirs intimes et qui devaient sans doute être rédigées et développées plus tard, ne perdent rien à être publiées sous leur forme concrète. Ce sont de petits tableaux de mœurs, des réminiscences historiques, des peintures de paysages à la brosse ou bien des historiettes, les démêlés avec les hôteliers dans le lamentable décor des chambres d'auberge, les surprises des tables d'hôte, les odyssées en diligence; ce sont des fragments interrompus, des notes brèves ou des phrases isolées.

Il nous a semblé que nous devions mettre sous les yeux du lecteur les pages de journal où sont confondues les impressions les plus variées, sorte de panorama de choses vues et de choses vécues, en cours de route. On s'identifie ainsi plus strictement au voyageur qui apparaît dans l'abandon du flâneur, du curieux, du critique, de l'amant de la nature et de l'ami de l'art. Ce ne sont souvent que des instantanés. Mais quelle intensité de couleur dans le raccourci! Et puis c'est l'évocation du touriste d'autrefois promené dans les berlines, cahoté dans les pataches et dans les diligences, arpentant les routes à la recherche d'un gîte, découvrant un abri dans quelque grenier ou dans une chambre délabrée de quelque auberge borgne, à enseigne pompeuse et aussi rebelle à la propreté qu'étrangère à l'art culinaire. Victor Hugo prenait sa revanche en faisant des vers satiriques, en dessinant, en écrivant des lettres, en couvrant ses feuilles d'album ou de carnet de réflexions plus ou moins philosophiques sur les laideurs de ces bouges, seuls refuges offerts au voyageur désireux de contempler les beautés de la nature.

On se demandera si Victor Hugo aurait publié ces notes dans leur déshabillé ou si au contraire il leur aurait fait un bout de toilette. Or, voyez *le Rhin* : c'était un livre grave, un livre d'histoire et de politique, et cependant Victor Hugo ne voulut pas en effacer l'intimité et le sourire; à plus forte raison, plus tard, pour ses autres voyages n'aurait-il pas hésité, pour répondre au goût nouveau du public, à donner, dans toute sa simplicité, ce qu'il a appelé «le journal d'une pensée».

Qu'est-il ce journal? « C'est l'épanchement quotidien, c'est le temps qu'il fait aujourd'hui, la manière dont le soleil s'est couché hier, la belle soirée ou le matin pluvieux, c'est la voiture où le voyageur est monté, chaise de poste ou carriole... ce sont tous les bruits qui passent recueillis par l'oreille et commentés par la rêverie... » Victor Hugo développe ces considérations dans la préface du *Rhin*. Mais il n'avait pas alors toute la liberté pour réaliser entièrement ce programme. Il en exprimait quelque regret. En revanche, il se serait senti plus à l'aise dans ses autres volumes de voyage; et assurément, lui vivant, il leur aurait conservé ce caractère d'intimité, de libre allure et de bonne humeur. Oh! sans doute sa fantaisie aurait enjolivé quelques récits trop sommaires et son inspiration poétique aurait éclairé quelques paysages, selon le vers cité à la description du manuscrit :

> Quel est le voyageur qui n'orne pas un peu?

mais il aurait maintenu tous les détails familiers, tout ce qui donne à ces voyages plus de mouvement, de vie et d'imprévu; car ce qui constitue l'originalité de cette œuvre, c'est qu'elle a été écrite dans des auberges, sur les coins de tables, entre deux étapes, au courant de la plume et surtout sans arrière-pensée de publication, au moins sous cette forme. C'est bien là le carnet du voyageur qui rapporte, avec une faculté étonnante d'improvisation, tout ce qu'il a vu, tout ce qu'il a entendu; c'est aussi le poète qui, grâce à l'acuité de sa vision, découvre dans la nature des beautés insoupçonnées, qui, grâce à la richesse de ses souvenirs historiques, anime les pierres des châteaux et des cathédrales, et, avec son sens critique, nous fait mieux comprendre et admirer toutes les merveilles et tous les trésors de l'art.

II

REVUE DE LA CRITIQUE.

La critique salua dans Victor Hugo un cicerone incomparable, un reporter prodigieux, un Bædeker de génie. C'est qu'en effet, tout en décrivant les pays les plus connus et les plus fréquentés, il avait découvert des nouveautés qui avaient échappé à la perspicacité des guides patentés; et on louait dans ce touriste improvisé la puissance de vision, la verve charmante, la richesse de la fantaisie, la fraîcheur du coloris, la bonhommie et la belle humeur, la faculté d'évoquer en images saisissantes les temps disparus, le mélange de philosophie profonde et de verve comique, la peinture éblouissante d'un site succédant à quelque généreux plaidoyer pour le triomphe de la fraternité; et cette heureuse alliance de l'imagination et de l'observation qui produisait des tableaux d'une vie intense et colorée. C'est qu'en effet ces lettres et ces notes sont familières, amusantes, émouvantes, spirituelles, vibrantes, remplies d'idées nobles, d'impressions pittoresques, de sensations vraies avec cet imprévu qu'apporte le voyage accompli sous le régime d'une locomotion primitive; et si vous avez parcouru jadis la France et la Belgique, les Alpes et les Pyrénées, si vous les revoyez avec les volumes de Victor Hugo en main, vous ferez, grâce à lui, des découvertes; car nul mieux que lui ne comprenait toutes les beautés de la nature et ne scrutait avec une plus étonnante pénétration tous les détails d'une cathédrale ou tous les mystères d'une architecture. Voilà comment la critique apprécia les livres de voyage de Victor Hugo.

Ces récits qui pouvaient paraître monotones sont d'une lecture aimable et charmante parce qu'ils sont agrémentés d'anecdotes, de petites aventures et d'impressions personnelles; Victor Hugo ayant été toujours le fervent admirateur des merveilles que, suivant son expression, Dieu fait avec du vert et du bleu, était bien le poète désigné pour nous promener dans ces paysages dont il nous révélait toutes les grandeurs en leur prêtant toutes les parures de son style. Aussi ne trouve-t-on dans la critique aucune note discordante.

I

FRANCE ET BELGIQUE.

L'Écho de Paris.

E. Lepelletier.

Évidemment ce nouveau volume ne pouvait ajouter rien à la gloire toujours rayonnante de Victor Hugo. Il fera nombre pourtant dans l'œuvre immense du géant dont la statue idéale, toujours debout, toujours immaculée, supporte avec l'impassible dédain de l'éternité les jappements du roquet de lettres qui trottine la plume en trompette ou les éructations des esthètes bourrés de leur orgueilleuse sottise qui se plaisent à lever la phrase le long des monuments.

Victor Hugo n'était pas tenu d'être toujours cramponné à la crinière de Pégase emporté! Il lui était permis de cesser de planer et de monter dans des véhicules populaires. Dans ce volume de confidences voyageuses, Hugo ne se laisse pas emporter par les serres de l'aigle à travers les nues irritées, il prend tout bonnement sa place tantôt sous la bâche de la diligence avec des soldats et tantôt dans la rotonde avec des nourrices.

C'est un recueil familier d'impressions, de choses perçues au croisement d'une route, en visitant une cathédrale comme Notre-Dame de Chartres, «une merveille», en faisant «philosophiquement ses six lieues à pied» de Dol à Saint-Malo, dans les pierres héroïques de ce champ de Crécy, aïeul funèbre de Waterloo et de Sedan, «où ses souliers de castor se sont crevés».

Ses notes de voyage en *France et Belgique* resteront, comme *le Rhin*, un guide merveilleux, toujours actuel, toujours contemporain et que consulteront tous ceux qui voyagent les yeux ouverts et l'esprit en éveil.

... Le livre nouveau de Victor Hugo est une excursion charmante à prix réduit, où l'on s'arrête quand on veut, conduit par un cicerone inépuisable, aux boniments toujours inattendus et surprenants. Lire en chemin de fer ce guide du voyageur en diligence est un contraste exquis.

... Tel est ce beau livre, vivant, actuel, d'une jeunesse permanente. Il n'ajoute rien à la gloire du Maître, parce qu'il n'est pas possible de grandir ce qui a dépassé les statures permises. L'eau bout à cent degrés, l'immortalité de Victor Hugo a depuis longtemps atteint son maximum de rayonnement.

Le Tintamarre.

Léon Bienvenu.

Nous n'avons jamais cru que Victor Hugo fût mort, le grand poète étant de ceux qui vivent éternellement par leurs œuvres, comme Homère, Virgile, Dante, Shakespeare. Mais ce qu'il y a de surprenant, c'est que ce génie extraordinaire qui a rempli l'univers pendant plus d'un demi-siècle, quoique couché là-bas sous la coupole, trouve encore moyen de nous éblouir chaque année par quelque nouvel éclaboussement d'étoiles, inattendu et superbe.

France et Belgique est un volume de notes de voyages qui nous révèle un Victor Hugo intime, primesautier, plein d'humour, d'entrain, de gaîté, qui voit tout, s'enthousiasme ou s'irrite, s'attendrit ou plaisante, laissant voir, même au cours de la fantaisie la plus familière ou la plus capricante, la griffe de lion du génie.

Au cours de ces lettres écrites à la hâte dans une chambre d'hôtel, sur le coin d'une table d'auberge, au hasard de la circonstance, l'âme du poète se délasse des bonds prodigieux qu'il a faits dans l'empyrée. Mais qu'un détail pittoresque apparaisse : ville flamande avec sa flèche-bijou, site sauvage en Bretagne, champ de bataille de Crécy, «aïeul funèbre de Waterloo et de Sedan», et le puissant épistolier, galopant sur la plus fantastique imagination qui fût jamais, évoque en une page où la bonhomie cède le pas à l'éloquence, avec une acuité de vision incomparable, le tableau qu'il a sous les yeux.

Il faut lire, relire, méditer, savourer cette nouvelle œuvre du grand poète, à qui rien ne fut impossible sinon d'être plat ou banal, et qui, au gré de son caprice énorme, volontiers dérangerait une montagne pour ramasser une perle. Ce livre démontre que le génie, même quand il fait l'école buissonnière, est toujours le génie, et que les miettes qui tombent de sa table sont dignes du festin merveilleux qu'il a servi à nos appétits intellectuels.

Le Radical.

Édouard Durranc.

... Ce livre, si nouveau dans l'œuvre, est fait de lettres intimes, d'une intimité qui — bien entendu — ne ressemble pas à celle des autres hommes. Hugo n'a jamais pu être intime avec la note de familiarité que comporte ce mot. Ce serait supposer qu'on ait jamais pu voir Olympio en pantoufles.

Et cependant il s'amuse énormément dans ces lettres, il joue, il badine, il descend jusqu'à la petite querelle.

Et ce sont précisément ces incessantes querelles avec les aubergistes spoliateurs, avec les portefaix d'Avignon, avec les sacristains de cathédrales qui veulent cacher leurs plus belles choses, qui donnent au livre son accent d'intimité particulière.

Ce ne sont là que les petits côtés amusants du livre...

... Mais le voyage! Ah! l'incomparable cicerone que Victor Hugo! On retrouve là, comme sur une palette, négligemment jetées, toutes les couleurs que vous rencontrez dans son œuvre. Il fait des provisions de sensations qu'il note d'une ligne, souvent d'un seul mot.

La mer, surtout, attire Hugo. Il parle avec elle, comme une puissance avec une autre puissance.

Après la mer, ce sont les cathédrales, les églises, les tours, les clochers, les portails, les vitraux. Il y en a une éblouissante collection, vue avec cet œil qui ne trouvait aucun détail trop petit ni aucun ensemble trop grand, et à qui les mots du plus riche vocabulaire obéissaient comme au commandement.

Le Gil Blas.

Paul Ginisty.

... Il est intéressant de surprendre le grand homme dans la simplicité de ses récits, volontiers enjoués et pleins de rondeur, dans le sans-façon de son carnet de promeneur à travers des pays nouveaux pour lui. C'est un Hugo bonhomme, narquois aussi, résigné avec belle humeur à toutes les petites mésaventures fatales, qui apparaît souvent, lorsque quelque spectacle d'une beauté imprévue ou quelque émotion intense ne fait pas brusquement rentrer en scène, comme à son insu, le poète de génie; et c'est précisément par ce mélange de terre à terre et de coups d'ailes que le livre formé par ses lettres intimes garde, malgré les années lointaines d'où elles sont datées, une saveur singulière.

... On sent, à travers toutes ces notes de route, que Hugo a été le prestigieux évocateur de *Notre-Dame de Paris*. Partout où il la rencontre, l'architecture gothique le ravit. Surtout il se plaît à errer dans les vastes cathédrales, pestant contre l'importunité des sacristains, dont l'obséquiosité intéressée ne peut laisser le visiteur s'abandonner aux pensées qui l'emplissent, aux rêveries profondes qui ont comme un crépuscule qui tombe dans l'esprit.

... Une page saisissante (la concision de ces notes ne les empêche pas d'avoir une furieuse couleur romantique) est celle que Hugo consacre au bagne de Toulon. Dans le tas des forçats, il aperçoit des incurables et un fou, enchaînés comme les autres, et il frémit. Le pêle-mêle des condamnés le révolte aussi. Le compagnon de chaîne d'un assassin est un pauvre diable qui a gagné dix ans de bagne en essayant de changer six liards faux, «sachant qu'ils étaient faux» a dit l'arrêt! Ce qui étonne Hugo, c'est la vieillesse de beaucoup de ces misérables : sous la casaque d'infamie, quelques-uns ont un air vénérable. Hugo, ici, se souvient qu'il n'est pas seulement poète, mais homme politique, et il jette sur le papier des notes pour la question, grave à traiter, de la répression.

Ainsi, avec ses lettres, est-on, pour ainsi dire, dans le commerce familier d'un grand esprit, et on peut se plaire à rapprocher telle pièce de vers célèbre d'Hugo d'une des pensées qui ont jailli chez lui au cours de ses excursions de touriste.

Une impression se dégage, une idée naît, et le jour viendra où elle prendra sa forme littéraire.

Quand il s'agit d'un pareil poète, ce travail est curieux à suivre.

La Justice.

Camille Pelletan.

... Victor Hugo apparaît tout d'abord avec deux puissances maîtresses, le lyrisme et l'épopée. Nul ne possède à un plus haut degré le génie créateur. Et pourtant, c'est un besoin auquel on revient si forcément de retrouver la réalité sous l'œuvre d'art, qu'il y a des moments où l'on est plus saisi par la page écrite d'après nature que par les créations les plus audacieuses et les plus magnifiques.

Or, par un contraste qui se comprend aisément, nul ne donne un accent plus saisissant à ce que les peintres appellent «une étude d'après nature» que les génies de grande envergure. Ils sont aussi grands quand ils touchent le sol que quand ils prennent leur élan.

... Ce dernier volume n'est pas mis au point comme *le Rhin*. C'est une suite de lettres et de morceaux détachés. Mais Victor Hugo n'a pas écrit peut-être de plus belles pages que quelques marines et quelques paysages qui se trouvent là. Il y a, à côté de ces tableaux de la plus grande puissance, des croquis familiers d'auberges et de diligences tout à fait extraordinaires.

Des recueils comme celui-ci offrent un intérêt d'histoire littéraire particulier. Quand Victor Hugo disait, en tête d'un livre comme *le Rhin*, qu'il s'était borné à donner ces lettres écrites au jour le jour telles qu'elles étaient parties d'un coin de table d'hôtel, ses plus grands admirateurs se refusaient à le croire. Évidemment l'affirmation comporte quelques réserves.

Mais les morceaux qu'on nous donne et dont la plupart n'ont été écrits que pour des amis, amènent à restreindre singulièrement les réserves. Il est prodigieux que des lettres, griffonnées au coin d'une table d'auberge, aient pu contenir des pages d'une telle envolée et d'une forme si définitive.

II
ALPES ET PYRÉNÉES.

Le Télégraphe.

Camille Le Senne.

S'il est une œuvre qui mérite d'avoir pour épigraphe la phrase célèbre de Montaigne : «Ceci est un livre de bonne foy», c'est bien le septième volume du Victor Hugo, édité chez Hetzel et Quantin par les soins des exécuteurs testamentaires du poète : Auguste Vacquerie et Paul Meurice. *En Voyage*, c'est l'admirable touriste du *Rhin*, le plus puissant interviewer de la nature qu'ait connu le dix-neuvième siècle, nous racontant la suite de ses dialogues avec le ciel, la montagne, le fleuve et la forêt, combinant la psychologie, l'histoire, les impressions personnelles, les pompes du style descriptif et, ce qui domine toujours chez Victor Hugo, la compassion profonde pour l'humanité, la tendresse pour les petits, pour les humbles, pour les misérables, dans un alliage d'une solidité merveilleuse, d'un incomparable éclat — le vrai métal de Corinthe.

... Après ces grandes pages, ces vastes panoramas à vol d'aigle, un petit croquis, un «quadro» délicat, gentil, amusant, comme disent les peintres, une description de Berne et la vallée vue par le petit bout, par l'infiniment petit bout d'une infiniment rapetissante lorgnette...

Tout le Victor Hugo d'*En Voyage*, ces tableaux pris au hasard et pourtant d'une incomparable unité dans leur variété apparente : un point de départ quelquefois dur et brutal, toujours solide et largement tablé, le corps à corps titanesque avec la nature, puis les joliesses amusées de l'école buissonnière, le marivaudage dans l'exquis; enfin, le coup d'aile, l'envolée superbe.

La France.

SAINT-JAMES.

Nulle œuvre, parmi les œuvres de Victor Hugo, ne peut mieux et plus parfaitement nous faire comprendre la nature même du poète et de l'homme qu'une série de lettres dictées par les péripéties et les hasards d'un voyage en Suisse et en Espagne (1839-1843) et qui, pieusement recueillies, viennent d'être publiées sous ce titre : *En Voyage.*

Longues ou brèves, véritables poèmes ou courts billets griffonnés sur une table d'auberge, au retour de quelque promenade, ces lettres sont de purs chefs-d'œuvre; pleines de simple émotion, de grandes et nobles idées, de sensations vraies, d'impressions profondes et éminemment justes, dénuées de tout souci de publicité, elles ont porté à la femme et aux meilleurs amis de Victor Hugo ses pensées les plus personnelles, ses sensations les plus intimes...

... Victor Hugo a tout compris dans la nature, comme dans l'âme humaine, ou plutôt il a pénétré au plus profond de la nature et de l'âme. Il a tout pressenti, tout deviné, tout compris, tout conçu. On ne discute pas Victor Hugo, on le subit; en le lisant, on est courbé par un souffle infini qui vous emporte éperdument, et qui vous laisse la sensation d'une vision surhumaine. Bien mieux encore que dans les œuvres véritablement destinées au public, il est vivant et palpitant dans ses lettres qui racontent son existence presque jour par jour; quand nous nous trouvons en face de cette personnalité si haute, de cette âme si élevée, de cet esprit si profond et si vaste, quand nous sommes mis à même de contempler de si près ce génie, le vertige nous prend, comme il nous étreint au pied d'un inaccessible sommet qui accable notre petitesse de toute son immensité.

Le style de Victor Hugo, ce style éclatant, brutal parfois, aux images excessives mais toujours profondément vraies, lui appartient bien en propre; ce n'est pas une création de son esprit et de sa volonté; c'est sa nature même; on le sent, en trouvant à chaque page dans ses lettres ces métaphores hardies, ces images pleines de puissance qui viennent sous sa plume sans effort et du premier jet; il voyait juste, mais il avait le don de voir grand...

Le Gil Blas.

PAUL GINISTY.

... Ce sont, aujourd'hui, des notes de voyage du poète qui nous sont données, délassement d'un grand esprit qui se plaisait à fixer ses impressions, à jeter des croquis où déborde la vie, et, entre deux excursions, à rêver en évoquant le passé de ces pays qu'il traversait. Là, il laisse courir sa plume avec une grâce familière, et souvent il plaisante sur un ton de bonhomie charmante, comme s'il donnait des vacances même à son austère pensée. Il dira gaiement ses mésaventures de voyageur, l'exploitation des hôteliers suisses, ses légitimes inquiétudes sur l'impériale d'une diligence espagnole, roulant à fond de train sur une route bordée de précipices; il raillera les touristes qui, même en un temps où le chemin de fer n'avait pas vulgarisé les promenades un peu lointaines, passaient sans les voir, dans leur empressement risible, à côté des plus pittoresques spectacles...

Mais ce sont, tout à coup, des souvenirs qui prennent forcément, chez Hugo, une grandeur épique. Dans le chemin creux de

Kussnacht, il contemple cette nature, «sereine comme une bonne conscience», qui a été le théâtre de tant de luttes pour la liberté...

Puis c'est l'Espagne, où Victor Hugo retrouve avec attendrissement ses impressions d'enfance, alors que, tout petit, à l'époque des grandes guerres, il suivait son père. Il parcourt tout le pays du Guipuzcoa, il revoit ce village d'Hernani dont le nom était toujours demeuré dans sa mémoire. Il cause avec les batelières de Pasages...

Parmi les livres posthumes d'Hugo, celui-ci est vraisemblablement celui qui nous fait pénétrer le plus directement dans l'intimité de son esprit.

Le Radical.

Georges Lefèvre.

Dans le superbe poème qu'il vient de publier, et qui sera l'œuvre de sa vie, dans *Futura*, Auguste Vacquerie a dit :

> Est-ce un voyageur, celui qui promène
> Ses talons des pics neigeux aux prés verts?
> Enfant, il existe un autre univers
> Plus grand que le tien : la pensée humaine.

Ces vers chantaient dans ma mémoire pendant que je dévorais le dernier volume paru des œuvres posthumes de Victor Hugo, et je me demandais, moi, voyageur insatiable, si cette fois encore le poète n'avait pas raison. J'ai visité les Pyrénées, j'ai maintes fois parcouru les Alpes, et il me semble, maintenant que j'ai fermé *En Voyage*, que je ne les connaissais pas.

Le voyageur, celui qui va demander aux pays lointains des sensations et des émotions nouvelles, ne saurait être rassasié par la contemplation d'un site s'il ne voit dans ce site que son caractère purement matériel, limité au contour et à la couleur. Les choses ont à la fois leur beauté physique et leur beauté morale, et il n'y a point de honte à avouer que cette dernière ne nous apparaît pas toujours de prime abord.

Nous avons besoin, nous qui ne sommes pas des hommes de génie, qu'on nous explique ce grand rébus éternel, cette énigme perpétuellement posée de la nature. C'est de ce commentaire que Victor Hugo s'est chargé; et comme un peintre idéalise à peu près fatalement son modèle et met, même à son insu, dans un portrait qu'il exécute, une part de lui-même, le grand poète a prêté aux sites qu'il décrivait sa flamboyante poésie. Ce ne sont plus seulement des paysages que nous offre *En Voyage*, ce sont des paysages expliqués par Victor Hugo...

Mais le caractère le plus attachant et le plus merveilleux de ces récits, c'est certainement la vie donnée à ce qu'on ne voit pas, à l'histoire des lieux décrits; sous la plume fée du poète, ces montagnes et ces vallées, ces villes étranges, ces hameaux guerriers de Suisse, ces villages sauvages des Pyrénées se peuplent de leurs habitants disparus, revivent un moment leur vie d'autrefois.

Et dans cette majestueuse évocation, nous voyons passer devant nous tous ces hommes, tous ces combattants de la vieille indépendance helvétique; nous les voyons reparaître sur les lieux mêmes où grandit leur gloire...

... Et quand Victor Hugo a franchi la frontière d'Espagne, quand il a remis, après tant d'années, le pied sur ce sol qu'il avait foulé enfant, ce sont ses propres souvenirs qui l'assiègent et ces souvenirs sont charmants. Il règne là-dedans une exquise fraîcheur.

Puis, quand cette excursion est finie dans le passé, quand cette riante vision a disparu, le volume continue, sombre, sévère, superbe.

Décidément, Auguste Vacquerie a raison :

> Je reviens d'endroits que ton âme envie,
> Et je vais passer mon reste de vie
> Dans un trou, voulant voyager un peu :
> Je lirai!...

Et ceux-là seront nombreux qui suivront mon exemple et voyageront comme moi, avec le livre.

Le Figaro.

Philippe Gille.

... Ce livre est un des plus beaux que le poète ait écrits dans toute la force, dans toute la plénitude de son talent. Tout serait à citer, et c'est une joie de connaître ou de reconnaître avec Victor Hugo les merveilles qu'il a visitées; à chaque pas, c'est une minutieuse ou superbe description, une évocation...

... Chemin faisant, je trouve une amusante sortie sur l'inconvénient des pseudonymes; de superbes pages consacrées au charnier de Saint-Michel où éclate toute la puissance de vision, de souvenir et d'éloquence du poète. C'est là du plus bel Hugo; il n'est dans son œuvre passée rien de plus saisissant que ce récit, de plus haut que ces pensées qui ont attendu cinquante ans pour venir à nous.

Tout le volume est rempli de morceaux d'une valeur égale en différents genres; il n'est pas de si petit détail qui ne fasse vibrer quelque chose de l'âme du poète, témoin la lettre où le seul bruit d'une charrette qui passe vient évoquer pour lui tout un jour de son enfance.

Dans ce morceau plein de charme, et d'une grâce exquise, comme dans le superbe récit des cadavres de Saint-Michel, on retrouve et le poète et le prosateur dans toute leur grandeur. Rien que ces fragments suffiraient, s'il était possible que l'œuvre de Victor Hugo vînt à disparaître, à fixer la postérité sur la hauteur qui lui est assignée dans l'échelle des écrivains. Les ruines du Forum, celles de l'Acropole, de Thèbes, ne disent-elles pas assez ce qu'étaient Rome, la Grèce et l'Égypte pour qu'on les devine et qu'on les reconstitue, sans qu'il soit nécessaire de connaître les autres merveilleux restes que le temps nous a conservés?

La Lanterne.

Anatole DE LA FORGE.

Victor Hugo n'est pas seulement un prodigieux poète, c'est aussi un incomparable voyageur. Il sait voir en même temps la poésie et la réalité des choses, et il les dépeint avec la verve endiablée d'un artiste et la précision mathématique d'un savant.

...Victor Hugo décrit le paysage des Alpes, des Pyrénées et de l'Espagne avec un si vif relief de dessin et de couleur, qu'il semble, en les lisant, qu'on a fait soi-même le voyage. Le narrateur mêle aux splendeurs et à la vérité de ses descriptions des aperçus pittoresques et des réflexions humanitaires qui prouvent que chez lui le cœur est constamment de la partie. Il y a toujours au fond du cerveau de ce poète un penseur sommeillant qui ne demande qu'à se réveiller.

L'arrivée à Pampelune, la description détaillée de cette ville, de ses monuments, de sa cathédrale, valent ensemble un tableau de grand maître. Tout cela est vivant, rayonnant, resplendissant et très bien fondu dans une harmonieuse lumière sous la plume habile du magicien enchanteur.

L'Écho de Paris.

Edmond LEPELLETIER.

Victor Hugo se survit, non pas seulement par l'œuvre passée, mais par l'œuvre présente. La mort n'est qu'un mythe. Il est vivant. Il est au milieu de nous. Il s'isole sans doute dans le travail et nous ne pouvons plus l'approcher comme autrefois. Mais c'était là le privilège de quelques-uns. Tous participent toujours à la communion universelle de son génie, et son labeur est le partage de tous. Le père est toujours là-bas dans l'île, comme disait le poète des *Exilés*.

Non! Victor Hugo n'est pas descendu dans la tombe. Le Panthéon glorieux n'est qu'un cénotaphe. Gloire! La bière est vide; c'est qu'Hugo est vivant. Le maître travaille toujours pour nous et voici son dernier livre: *En Voyage. — Alpes et Pyrénées.*

L'antithèse, qu'on a reprochée à Victor Hugo, il fallait aussi la reprocher à la nature, qui a fait l'ombre et le jour, l'Alpe et le vallon, le roc du rivage et le flot mouvant des mers...

La publication de ce volume nouveau des œuvres inédites de Victor Hugo est une pierre de plus au monument gigantesque, ce monument toujours plus beau, toujours plus visible sur l'horizon, toujours plus baigné de la pleine lumière de sa gloire, et qui, hors de la nuit du tombeau, monte comme une aube éternelle émergeant sans fin des profondeurs de l'Océan.

Le Charivari.

Pierre VÉRON.

Savez-vous que c'est soumettre la gloire d'un homme à la plus redoutable des épreuves que de le faire ainsi revivre, après sa mort, à intervalles réguliers, pour le soumettre de nouveau au jugement de la postérité?

Mais Victor Hugo est de ceux qui n'ont rien à redouter de cette revision. C'est, au contraire, chaque fois pour lui, comme un renouvellement de triomphe.

De son vivant, Hugo publia sur le Rhin une série de lettres mémorables. *En Voyage* est une œuvre de la même famille.

On y retrouve cette façon de voir si personnelle, ce mélange de philosophie profonde, de puissance descriptive et de verve ironique dont les contrastes donnent une saveur bien particulière à cette attachante lecture.

Le Rappel.

Judith Gautier.

... Voilà six ans déjà que Victor Hugo est parti pour un exil sans retour, et voilà le sixième volume que nous donne, sans s'épuiser, le magnifique legs de son génie.

Cette fois, c'est un Voyage à travers les Alpes et à travers les Pyrénées, les villes de Suisse et les villes d'Espagne. Le poète s'en va seul, en touriste, au gré de sa fantaisie, et avec une verve charmante et une éloquence superbe, il vous décrit ce qui passe devant ses yeux et ce qui se passe dans son esprit. On croit faire le voyage avec lui, et, certes, il est un guide et un compagnon incomparable. S'il vous parle de Lucerne ou du mont Pilate, il vous dira tout de cette ville et de cette montagne; sous la physionomie il cherchera l'âme; pour la ville l'histoire, pour le mont les bizarreries, les terreurs, les légendes. Du sommet du Righi il ne voit pas seulement le magique panorama qui se déploie à perte de vue, il revoit aussi les drames, les luttes, les aventures qui ont agité et illustré chaque point du paysage et lui donnent l'intérêt et la vie.

... De lac en lac, de mont en mont, de ville en ville, il évoque tout le passé, tous les égorgements, toutes les convulsions héroïques du peuple qui vit dans cette contrée si tourmentée.

... En résumé, lire le nouveau chef-d'œuvre écrit par Victor Hugo, de 1839 à 1843, est une fête qu'il faut se donner.

III

NOTICE BIBLIOGRAPHIQUE.

FRANCE ET BELGIQUE.

France et Belgique. — Œuvres inédites de Victor Hugo. Paris, J. Hetzel et Cie, rue Jacob, n° 18, maison Quantin, rue Saint-Benoît, n° 7 (imprimerie May et Motteroz), 1892, in-8°. Édition originale publiée à 7 fr. 50.

France et Belgique. — Victor Hugo illustré. Dessins de Victor Hugo. Paris, librairie du Victor Hugo illustré, rue Thérèse, n° 13 (imprimerie P. Mouillot), s. d. (1895), grand in-8°, couverture illustrée. Publié en 13 livraisons à 10 centimes. L'ouvrage complet : 2 francs.

France et Belgique. — Petite édition définitive, in-16, s. d. (1897). Paris, J. Hetzel-Quantin. Prix : 2 francs.

France et Belgique. — Édition à 25 centimes le volume, 4 volumes in-32, Jules Rouff et Cie, Paris, rue de la Vrillière, n° 4.

France et Belgique... Voyage, II. — Édition de l'Imprimerie nationale, Paris, Paul Ollendorff, Chaussée d'Antin, n° 50, 1910, grand in-8°.

ALPES ET PYRÉNÉES.

Alpes et Pyrénées. — Œuvres inédites de Victor Hugo. Paris, J. Hetzel et Cie, rue Jacob, n° 18, maison Quantin, rue Saint-Benoît, n° 7 (imprimerie Quantin), 1890, in-8°. Édition originale publiée à 7 fr. 50.

Alpes et Pyrénées. — Œuvres inédites de Victor Hugo. Paris, bibliothèque Charpentier, rue de Grenelle, n° 11 (Imprimeries réunies), 1891. Première édition in-18. Publiée à 3 fr. 50.

Alpes et Pyrénées. — Victor Hugo illustré. Dessins de Victor Hugo. Paris, librairie du Victor Hugo illustré, rue Thérèse, n° 13 (imprimerie P. Mouillot), s. d. (1894), grand in-8°, couverture illustrée. A paru en 15 livraisons à 10 centimes. L'ouvrage complet : 2 francs.

Alpes et Pyrénées. — Petite édition définitive, in-16, s. d. (1897). Paris, J. Hetzel-Quantin. Prix : 2 francs.

Alpes et Pyrénées. — Édition à 25 centimes le volume, 4 volumes in-32, Jules Rouff et Cie, Paris, rue de la Vrillière, n° 4.

Alpes et Pyrénées... Voyage, II. — Édition de l'Imprimerie nationale, Paris, Paul Ollendorff, Chaussée d'Antin, n° 50, 1910, grand in-8°.

Nous ne pouvons mentionner ici, en dehors des illustrations de Victor Hugo, que la lithographie d'André Durand, reproduite page 159, et le dessin de Decamps (*Le Charnier de Bayonne*) publié dans l'édition du Victor Hugo illustré.

TABLE.

NOTES DE CETTE ÉDITION.

ACHEVÉ D'IMPRIMER

PAR L'IMPRIMERIE NATIONALE

POUR

LA SOCIÉTÉ D'ÉDITIONS LITTÉRAIRES ET ARTISTIQUES

LIBRAIRIE PAUL OLLENDORFF

LE 7 MAI 1910

1539